CHARITÉ ET PATRIOTISME

NOTICE BIOGRAPHIQUE

SUR

M. L'ABBÉ ANTOINE FAVIER

CHANOINE HONORAIRE, CHEVALIER DE LA LÉGION D'HONNEUR
DÉCÉDÉ CURÉ D'AUROUX (DIOCÈSE DE MENDE)

PAR

M. L'ABBÉ OLIER

CURÉ-DOYEN DU BLEYMARD (MÊME DIOCÈSE)

PARIS

POUSSIELGUE FRÈRES | LIBRAIRIE DE WATTELIER
27, RUE CASSETTE. | 29, RUE DE SÈVRES.

1875

NOTICE BIOGRAPHIQUE

SUR

M. L'ABBÉ ANTOINE FAVIER

PARIS. — IMP. VICTOR GOUPY, RUE GARANCIÈRE, 5

NOTICE BIOGRAPHIQUE

SUR

M. L'ABBÉ ANTOINE FAVIER

CHANOINE HONORAIRE, CHEVALIER DE LA LÉGION D'HONNEUR

DÉCÉDÉ CURÉ D'AUROUX (DIOCÈSE DE MENDE)

PAR

M. L'ABBÉ OLIER

CURÉ-DOYEN DU BLEYMARD (MÊME DIOCÈSE)

PARIS

IMPRIMERIE VICTOR GOUPY

RUE GARANCIÈRE, 5

1875

VIE

DE M. L'ABBÉ FAVIER

—

Écrire la vie des hommes qui se sont illustrés par leur sainteté, est une œuvre toujours profitable : les fidèles y voient des modèles à suivre et des exemples à imiter. Ces récits sont aussi une espèce de condiment et le principal préservatif de la vertu au milieu des séductions de la vie.

(S. BERNARD, dans la vie de S. Malachie.)

Il est des hommes qu'on ne voudrait jamais voir mourir à cause du grand bien qu'ils font sur cette terre, et du vide immense qu'ils laissent en la quittant. De ce nombre, est, sans contredit, le bon abbé Favier, curé d'Auroux, ravi à l'affection de ses chers paroissiens, au moment où ils mettaient en lui leurs plus grandes espérances.

C'est ainsi que Dieu se joue des calculs des hommes, et appelle souvent avant l'heure, à la récompense, ceux que nous jugions les plus indispensables à l'accomplissement de ses desseins.

Honoré de l'amitié de ce grand homme de bien, dont le diocèse tout entier déplore la perte, nous avons besoin, pour tromper notre douleur, d'écouter la voix du ciel proclamant bienheureux ceux qui meurent dans le Seigneur, et de contempler ce cher ami s'avançant dans son éternité, escorté de ses œuvres.

Faire son éloge pendant sa vie, c'eût été blesser son humilité et affliger son cœur ; mais aujourd'hui qu'il ne nous reste que sa mémoire, nous pouvons publier, sans crainte, ses œuvres et ses vertus.

Nous les redirons avec bonheur, à nos frères dans le sacerdoce qui tous ont partagé notre estime, notre vénération et nos regrets pour ce cher défunt, et se sont montrés si souvent jaloux de marcher sur les traces de ce parfait modèle de toutes les vertus sacerdotales.

Je les raconterai, ces œuvres et ces vertus, surtout à la jeunesse de tous les âges, qu'il chérissait d'un amour de prédilection à l'exemple du bon Maître, et qui conserva jusqu'à ses derniers jours ses plus ardentes sympathies.

Cette vie du bon abbé Favier, je veux la raconter aux orphelins dont il s'était constitué le père, et à ses chers mobiles dont la noble conduite durant nos désastres demeurera comme une lueur d'espérance pour l'avenir de la patrie aujourd'hui si malheureuse : tous ces braves jeunes gens ont attribué aux encouragements de leur saint aumônier leur entrain dans les combats, leur constance dans les fatigues inouïes d'une retraite lamentable.

Je veux la raconter aussi, cette vie, aux pécheurs qu'il a ramenés à Dieu, aux malheureux qu'il a secourus et consolés, aux pauvres qu'il a évangélisés.

Mais c'est aussi pour les impies que j'ai entrepris de l'écrire ; pour ces hommes prévenus, si nombreux de nos jours, qui méconnaissent les vertus du prêtre et sa salutaire influence, et s'efforcent de le déprécier dans l'esprit du peuple, en le représentant comme un être désormais inutile et dangereux. Ils verront, au contraire, que le prêtre est aujourd'hui ce qu'il fut autrefois; et, que s'il se trouve dans les rangs du clergé de nos jours, comme dans tous les temps, des faiblesses et des défaillances, on y rencontre aussi es vertus antiques : l'abnégation et le dévoûment des saints de toutes les époques.

Puisse le Seigneur bénir ce petit travail et le rendre fécond pour sa gloire et l'édification de ces âmes dont le salut a toujours été la grande préoccupation de notre saint ami ; puisse ce simple récit se répandre au loin et aller apprendre à tous, que, grâce à Dieu, il y a encore, dans son Église, de grandes vertus, de beaux caractères !

CHAPITRE PREMIER

**Naissance de l'abbé Favier. — Sa jeunesse.
Ses études et son ordination.**

Antoine Favier naquit le 6 février 1814, au bourg
d'Aumont, chef-lieu de canton du haut Gévaudan,
aujourd'hui département de la Lozère. Il sortait de
cette race obscure d'honnêtes cultivateurs qui four-
nit à la patrie ses plus intrépides défenseurs, et à l'É-
glise ses serviteurs les plus dévoués. Son père était
d'une grande simplicité de mœurs et d'une parfaite
droiture de caractère ; et sa mère, une de ces femmes éminemment dévouées qui mettent le devoir
avant tout : type grave et vénéré de la femme forte
que possède encore notre religieux pays, et qui y
maintient cette dignité incomparable des familles
chrétiennes. Heureux les hommes qui ont de pareilles mères ! Elles laissent sur leur esprit et sur leur
cœur une empreinte qui ne s'efface jamais.

C'est au soin tout particulier que cette bonne mère
eut de son petit Antoine, qu'on peut attribuer ces
fermes principes auxquels il resta constamment fidèle,
et qui l'ont guidé et soutenu dans toutes ses entreprises, depuis sa jeunesse jusqu'à sa dernière heure.

Il nous a été rapporté, par des témoins dignes de
foi, qu'il n'avait jamais connu la légèreté et la dissipation de l'enfance ; qu'il fut toujours sérieux et ne

1.

chercha jamais d'autre joie que celle que goûtent les âmes ferventes aux pieds des saints autels, dans cette église, toujours si chère, où le cœur innocent a connu les délices de la première communion.

En gardant les bestiaux de son père, il recherchait de préférence les lieux solitaires si communs dans cette contrée, où les nombreuses ondulations de terrain, sillonné de petits cours d'eau, sont ombragées le plus souvent par des bois de pins ou de bouleaux. C'est dans ces sites écartés qu'on le surprit souvent humblement prosterné, offrant à son Dieu de ferventes prières. On eût dit un ange sous les traits d'un enfant. Nous pouvons ajouter qu'il tenait constamment entre les mains, son catéchisme ou quelque livre de piété.

Jamais il ne se mêla aux amusements bruyants de ses camarades ; et sa modestie était si grande que, marchant toujours les yeux baissés, il arriva à un âge assez avancé sans connaître la majeure partie des habitants de son pays natal.

Il avait en suprême horreur les abords des lieux de tumulte et surtout des cabarets. On eût dit qu'il avait fait vœu de n'en franchir jamais le seuil. En voyage, il prenait ses petites provisions pour n'avoir pas besoin d'entrer dans une auberge ; une absolue nécessité pouvait seule le faire déroger à cette ligne de conduite qu'il a tenue jusqu'à la fin de sa vie.

Il se faisait aussi remarquer par une rare circonspection dans ses discours ; et son principal ami d'enfance, qui nous a fourni ces détails, atteste qu'il n'a jamais surpris sur ses lèvres une parole inconsidérée, contraire aux mœurs ou à la charité.

Quoique d'un tempéramment très-pétulant, il se

posséda toujours assez pour ne laisser jamais paraître les saillies de son caractère.

Tout cela, comme on le comprend, était rehaussé
d'une exquise pureté de mœurs, jointe à un grand
esprit de foi, et à une ferveur qui ne s'est jamais ra-
lentie dans les diverses situations de sa carrière sacerdotale.

Tant de maturité et d'innocence frappèrent de
bonne heure les prêtres de sa paroisse ; et le vicaire
zélé qui en est devenu plus tard le pasteur, offrit au
jeune Favier de lui donner quelques leçons de latin.
Cette proposition fut agréée par les parents et ac-
cueillie avec des transports de bonheur par le petit
Antoine. Tous ses goûts le portaient à la prêtrise. Il
avait chez lui sa petite chapelle, ses ornements en
papier, son livre de messe, et ne se lassait pas de reproduire, dans l'humble chambre de sa mère, les cérémonies qu'il voyait célébrer à l'église. M. l'abbé
Portal ne doutant plus de la vocation au sacerdoce
de cet enfant privilégié, lui prodigua tous ses soins.
Plus il le connaissait, plus il s'attachait à lui ; et,
quand il fut appelé à l'un des postes les plus laborieux
du diocèse, bien qu'il ne pût compter sur beaucoup
de loisir, il ne voulut pas se séparer de ce cher dis-
ciple et l'emmena avec lui, dans la ville de Marvejols,
dont il devenait le vicaire.

Toutefois, il dut se contenter de l'héberger ; pour
les études, il lui fit suivre les cours du collége.

Cette vie de collége fut pour Antoine Favier une
vie de labeur et de succès. Son intelligence péné-
trante, sa vive imagination, son heureuse mémoire
saisissaient et retenaient aisément les leçons de ses
maîtres. Il se fit distinguer parmi ses condisciples ; et,

dans toutes ses classes, il occupa les premiers rangs.

Le collége de Marvejols était cependant alors un peu en décadence ; et, après les classes de grammaire, le bon abbé Portal, craignant que son protégé ne fît pas d'assez bonnes humanités, se décida à se séparer de lui et l'envoya au collége de Mende, où les études étaient plus fortes.

Le jeune Favier avait d'ailleurs besoin de changer d'air à la suite d'une maladie de cœur qui l'avait conduit à la dernière extrémité. Tous ceux qui l'approchèrent en cette circonstance furent ravis du calme angélique et de la pieuse résignation que manifesta ce jeune homme, toujours le sourire sur les lèvres, et ne laissant échapper aucune plainte au milieu des plus atroces souffrances. Son médecin surtout en était émerveillé ; il multipliait ses visites et éprouvait un vrai bonheur à lui prodiguer ses soins.

On a prétendu que sa guérison avait tenu du miracle ; nous aimons mieux l'attribuer à l'art du médecin, et à la bénédiction de Dieu qui réservait ce cher malade pour de grandes œuvres.

Lorsque Antoine Favier arriva à Mende, il existait dans cette ville, pour les jeunes gens des campagnes, surtout pour ceux que leur famille destinait au sacerdoce, un mode d'éducation qui ne se connaît plus guère aujourd'hui, et qui diminuait singulièrement les frais d'étude, tout en maintenant, sous une bonne et sainte influence, les étudiants appelés à en profiter. Des familles d'humble condition, le plus souvent de pieuses veuves, consentaient à recevoir dans leur intérieur, à nourrir et à surveiller un certain nombre de jeunes gens, moyennant une modique rétribution le plus souvent en nature. Ceux qui étaient ainsi élevés retrouvaient chaque soir, à la sortie des cours du collége, comme une image du foyer paternel.

C'est dans ces conditions, logé chez un ouvrier chrétien et doué d'une rare prudence, qu'Antoine Favier fit ses hautes classes, en société d'un de ses compatriotes, l'excellent abbé Boudon, son digne émule, que ses talents et sa vertu avaient élevé à l'un des premiers postes du diocèse, avant que de cruelles infirmités l'eussent condamné à une retraite prématurée.

On peut dire des deux jeunes amis ce que l'histoire raconte de saint Basile le Grand et de saint Grégoire de Nazianze, qu'ils ne connaissaient d'autre chemin que celui des églises et de l'école, et que l'unique rivalité qui régna entre eux, était de se soutenir mutuellement dans les voies de l'étude et de la piété.

Devant des jeunes gens si bien préparés, les portes du séminaire s'ouvrirent avec bonheur; inutile de dire qu'ils furent dans ce saint asile des élèves pieux et fervents comme ils l'avaient été dans le monde, et se montrèrent jusqu'à la fin des modèles accomplis du parfait séminariste.

Les vacances sont un temps de dissipation, même pour les vocations les mieux éprouvées; celles de l'abbé Favier se passèrent avec la même régularité et la même édification que le temps du séminaire. Il est facile, du reste, d'en juger par une scène tout à la fois étrange et significative qui se passa dans l'église d'Aumont, le jour de ses publications de bans pour les saints ordres. Aucun de ceux qui assistaient à la grand'messe, ce dimanche, n'a oublié l'attitude fière et joyeuse du vieux curé promenant du haut de la chaire son regard satisfait, tout en provoquant, en son bon patois, l'attention des mauvaises langues. Il s'agit, dit-il, de publications, non d'un mariage, mais des publications d'Antoine Favier, que Mgr l'évêque se propose d'élever au sous-diaconat. Si vous connaissiez quelque légèreté dans la conduite de ce jeune homme, vous êtes tenus de nous en prévenir sans retard. Pour le coup, ajoutait-il avec une douce gaîté, les mauvaises langues vont se trouver dans l'embarras ; car, vraiment, cette fois, il n'y a pas de quoi mordre.

Les mauvaises langues n'existaient pas dans cette excellente paroisse ; du moins elles se turent, et le pieux lévite fut promu aux saints ordres sans obstacle et sans opposition.

Une fois engagé dans le service de l'Église, sa piété et sa ferveur prirent de nouveaux développements ; ses oraisons devinrent plus affectueuses, ses communions plus fréquentes et son humilité de jour en jour plus profonde, jusqu'au samedi, veille de la Très-Sainte-Trinité, 13 juin 1840, fête de son glorieux patron saint Antoine de Padoue, jour à jamais mémorable où il fut élevé à la dignité sacerdotale.

Nous pouvons déjà affirmer qu'il n'oublia jamais les saints engagements contractés en cette grande circonstance, et qu'il a pu présenter intacts, au souverain Juge, les vœux de son ordination.

CHAPITRE II

L'abbé Favier était prêtre : son âme ardente, transformée par les pieux exercices du séminaire, et la grâce toujours si féconde de l'ordination, quand on s'y est, comme lui, préparé de longue main, soupirait après les grands travaux du saint ministère. Son évêque, Mgr de la Brunière, de douce et sainte mémoire, aurait voulu le placer dès lors dans un des premiers postes du diocèse ; il jugea néanmoins prudent de le laisser s'essayer durant quelque temps dans l'humble fonction de vicaire, et l'attacha en cette qualité au vénérable M. Gignac, curé infirme de la paroisse de Fontans, canton de Serverette.

Le diocèse de Mende possédait encore à cette époque quelques derniers survivants d'une génération d'hommes vraiment éminents, élevés à l'école de nos confesseurs et de nos martyrs, et destinés, par la divine Providence, au sortir de la révolution, à relever nos églises de leur ruine, restaurer la foi et les bonnes mœurs, et organiser nos paroisses.

L'un des plus remarquables était, sans contredit, l'abbé Beccat, curé de Langogne, originaire d'un village voisin de Fontans, qui, ayant rencontré l'abbé Favier dans un de ses voyages, put apprécier de bonne heure tout ce qu'il y avait de ressource dans le jeune vicaire, et le demanda à l'administration diocésaine.

Depuis une quinzaine d'années que le curé Beccat se trouvait à la tête de son importante paroisse, il avait fait de vrais prodiges et l'avait complétement transformée. Les abus avaient disparu devant son attitude énergique, et les habitudes pieuses avaient succédé à une déplorable indifférence. Le collége ecclésiastique, qui n'a cessé de rendre d'importants services aux trois diocèses qui l'avoisinent, avait pris un grand essor sous son impulsion ; une fervente communauté de sœurs de Notre-Dame travaillait à l'instruction des jeunes personnes ; les sœurs hospitalières de la Très-Sainte-Trinité se vouaient au soin des pauvres et des malades, tandis que les fervents disciples du vénérable de La Salle étaient appelés à s'occuper des jeunes garçons. La paroisse était d'ailleurs partagée entre divers tiers-ordres, confréries ou congrégations rivalisant ensemble pour les saintes pratiques et les œuvres de charité.

C'est à cette organisation savamment combinée que fut associé le jeune abbé Favier, et nous verrons plus tard que le lot qui lui échut était des plus difficiles et des plus délicats.

Son premier soin fut de se mettre en pension au presbytère. Sa grande âme planait dans une région trop sereine pour s'occuper des menus détails d'un ménage. Il comptait d'ailleurs trouver dans la société plus intime de son bon curé, une sage direction pour se prémunir contre les écarts d'un zèle ardent et trop inexpérimenté.

Bientôt on admira sa douce piété, son exactitude scrupuleuse à remplir les devoirs de sa charge, et la grande ferveur qu'il manifesta toujours dans l'exercice de ses saintes fonctions.

Durant dix ans, on le vit chaque matin arriver à l'église avant le jour, et se tenir à la disposition de tous ceux qui avaient à réclamer son ministère. Dans l'après-midi, il faisait régulièrement la visite de ses malades ; et le soir, à la tombée de la nuit, on le retrouvait prosterné, répandant aux pieds des saints autels les ardentes effusions de sa sainte âme.

On raconte une foule de traits plus extraordinaires les uns que les autres, qui avaient fait de son nom le synonyme de dévouement, et qui finirent par passer inaperçus à force d'être fréquents. Citons un ou deux de ces traits édifiants, pris au hasard entre mille semblables.

Un jour, on lui présente un pauvre vieillard octogénaire, arrivé à Langogne, d'une contrée du Nord, et recueilli par les bonnes sœurs de l'hospice dans leur asile. Ce malheureux n'ayant fréquenté aucune église depuis sa première communion, avait oublié le peu d'instruction religieuse reçue dans sa jeunesse, et croupissait depuis longues années dans de tristes habitudes et une funeste ignorance. Gagner ses bonnes grâces, à force de procédés délicats, fut la première préoccupation de l'abbé Favier ; puis, après avoir réveillé le peu de foi qui pouvait se trouver dans cette pauvre âme depuis si longtemps engourdie, il s'assujettit, durant plusieurs mois, à lui faire régulièrement le catéchisme ; il eut enfin la consolation de le ramener à son Dieu, et de le disposer à une mort des plus édifiantes.

Une autre fois, l'abbé Favier fut informé qu'un pauvre berger, atteint d'une affreuse petite vérole, et rélégué dans un réduit infect, se trouvait en danger de mort. C'était un pauvre orphelin déjà d'un certain âge, et dont la vie entière s'était écoulée à la garde des bestiaux, au fond d'une campagne solitaire, et dans la plus complète ignorance. Avide du salut de cette âme, le fervent vicaire s'applique à s'insinuer, par des soins minutieux, dans l'esprit de ce malheureux jeune homme, et parvient bientôt à obtenir sa confiance. Alors il lui parle du bon Dieu. Soir et matin, il passait des heures entières à côté de son grabat infect, s'occupant à lui épeler les principales vérités de la foi ; et, pour mieux réussir dans cette tâche, et graver plus efficacement les vérités dans son intelligence grossière, il lui en retraçait à la craie, au pied de son lit, les principaux emblêmes : le triangle de la Sainte-Trinité avec l'œil de la Providence, l'ancre de l'Espérance, la croix instrument de notre Rédemption, et autres signes semblables. Ce pauvre malheureux échappa à sa terrible maladie, et continua de voir l'abbé Favier, qui parvint à lui donner une instruction suffisante, pour le disposer à bien faire sa première communion, avant qu'il quittât le pays.

Il y revint les années suivantes ; et son premier soin, chaque été, fut d'aller trouver son bienfaiteur pour lui témoigner sa reconnaissance, et le prier de le réconcilier avec le bon Dieu.

Un trait d'un autre genre et qui peut nous faire juger de la sérénité d'âme du bon abbé Favier, c'est son attitude calme et tranquille au milieu d'un violent orage que l'ennemi de tout bien avait soulevé contre lui. Il ne voulut pas qu'on s'en occupât et réprima même, par une plaisanterie, l'ardeur de ses collègues

qui voulaient prendre en main sa défense : « Nous
« faisons assez souvent de la peine à nos paroissiens,
« dit-il, en réprimant leurs plus chères inclinations,
« comment ne supporterions-nous pas avec patience
« que, de temps en temps, ils prennent leur revanche ?»
Un gracieux sourire effleura les lèvres du vieux curé,
et l'incident n'eut pas d'autres suites.

Le curé Beccat était tout joyeux de son vicaire ; il le
peignait à ses supérieurs comme un prêtre selon le
cœur de Dieu : « C'est le bâton de ma vieillesse, leur
« écrivait-il un jour, laissez-le moi jusqu'à ce que je
« descende dans la tombe. »

L'abbé Favier, de son côté, était plein de vénération pour son curé. Il l'aimait comme un père, l'es-
timait comme un savant, en parlait comme d'un saint.
Ses paroles étaient pour lui des oracles, et il suivait
invariablement ses conseils. Après même que la mort
les eut séparés, le nom du curé Beccat ne venait jamais sur les lèvres de l'abbé Favier sans que ses
yeux se mouillassent de douces larmes.

Ses relations avec les autres vicaires, ses collègues,
étaient aussi intimes et aussi affectueuses. Tous riva-
lisaient de zèle pour les œuvres de Dieu, et s'excitaient
mutuellement à la pratique des vertus sacerdotales.

Le peuple, de son côté, répondait à une direction si
sage et si fervente, et la paroisse de Langogne passait,
à juste titre, pour la mieux réglée et la plus pieuse du
diocèse.

Nous avons déjà indiqué le rôle délicat qui, dans
cette direction, avait été attribué à l'abbé Favier :
c'était le soin des jeunes garçons depuis la première
communion jusqu'à leur entrée dans les engagements
du monde.

Le fervent vicaire se sentit heureux de la part qui lui était faite. Comme le divin Sauveur, il éprouvait une tendre affection pour cette brillante jeunesse, et savait les immenses ressources pour le bien que l'on peut tirer de l'ardeur de cet âge, si l'on s'applique à le bien diriger.

Il connaissait aussi son étourderie et son inexpérience, ainsi que les dangers que peuvent lui faire courir les séductions du monde et la fougue des passions naissantes.

Ces dangers, il voulut les conjurer, tout en s'appliquant à développer les ressources de cet âge ; et nous pouvons déjà affirmer que personne mieux que lui n'a réussi dans cette tâche difficile.

Il divisa cette jeunesse, qui lui fut bien vite dévouée, en deux catégories: ceux qui fréquentaient encore les écoles, et ceux qui, un peu plus avancés en âge, les avaient déjà quittées.

Pour les premiers, il se mit d'abord en relations avec leurs bons maîtres, les Frères des écoles chrétiennes, qui venaient d'arriver dans la paroisse, et contracta dés lors avec ces religieux, ces liens d'estime et d'affection réciproques qui ont duré autant que sa vie et n'ont été brisés que par la mort. Ils se voyaient fréquemment aux heures de loisir ; et la matinée du jeudi, ainsi que la soirée du dimanche, étaient consacrées à d'intimes conversations où l'étude des enfants, et les soins à donner à chacun d'eux, selon son caractère, tenaient la principale place. Les mesures à prendre ainsi combinées, étaient ensuite appliquées en classe par les bons Frères, et à la congrégation de l'Ange gardien, qui n'était autre chose qu'un catéchisme de persévérance, dirigé par le zélé vicaire.

Ces chers enfants quittaient-ils les écoles, il les prenait des mains de leurs excellents maîtres, et s'attachait en habile pilote, par les moyens les plus ingénieux, à les diriger à travers les écueils si nombreux du jeune âge. Il avait surtout sa congrégation avec les réunions de quinzaine, qu'il savait rendre intéressantes pour attirer un plus grand nombre d'auditeurs. C'était comme une arène toujours ouverte, où directeur et assistants prenaient tour à tour la parole, et s'exerçaient dans des joutes pacifiques à élucider les questions controversées et les enseignements de la foi, tout en s'excitant à la pratique de la vertu. Le bien, ainsi commencé à la chapelle, se continuait à la chambre du vicaire, devenue un de ces cercles d'ouvriers, si en vogue de nos jours, et dont l'abbé Favier avait trouvé l'idée première dans son grand désir de distraire cette jeunesse, et de la détourner des funestes occasions.

On le vit parfois parcourir, durant la nuit, les rues étroites de la ville, allant à la recherche des pauvres étourdis échappés à sa sollicitude ; frappant hardiment à la porte de ces réduits où règne la licence, et où tant de vertus ont fait un triste naufrage ; avec cette autorité que seuls peuvent avoir les saints, il ramenait dans la demeure paternelle, ces pauvres égarés.

Si les besoins de la vie les obligeaient à s'éloigner du pays, il entretenait avec eux d'affectueuses correspondances ; il savait même trouver, dans les trésors de son inépuisable charité, de quoi leur venir en aide quand ils éprouvaient des embarras pécuniaires. Les aspirants à l'état ecclésiastique ou religieux avaient surtout part à ses largesses ; et plusieurs sont encore à se demander aujourd'hui comment nn pauvre vicaire, sans fortune personnelle, pouvait se montrer si généreux.

Le bon Dieu bénissait les efforts de son zèle ; et l'on vit bientôt sortir des rangs de cette jeunesse à laquelle il avait imprimé une empreinte si profondément chrétienne, de ces vrais pères de famille jaloux de faire régner la loi de Dieu dans leur maison, et une multitude de prêtres et de religieux de divers ordres. Ce magnifique élan se continue toujours et fait de cette paroisse privilégiée comme une pépinière de fervents ouvriers employés dans la vigne du Seigneur.

Ceux de ces jeunes gens qui restèrent dans le monde, à de rares exceptions près, se maintinrent pieux et modestes ; et, quatre fois l'an, il eut la consolation de les voir réunis au saint banquet des Anges. Une de ces communions générales avait été fixée au Dimanche de la Quinquagésime, pour l'Oraison des quarante heures ; en ce jour que le monde semble s'être réservé pour le désordre et le crime, il était beau de voir cette jeunesse chrétienne, agenouillée aux pieds des saints autels, célébrer dans de pieux cantiques les louanges du Seigneur, et prendre place à la table mystique de la divine Eucharistie.

Cependant l'abbé Favier connaissait l'inconstance de cet âge ; et souvent des craintes sérieuses étaient venues l'assaillir sur l'existence de sa chère Congrégation des jeunes gens. Pour en prévenir la ruine, il prit l'avis de son nouveau curé, M. l'abbé Chapelle, qui, comme son prédécesseur, lui avait accordé toute sa confiance : de concert avec ses autres collègues, il résolut de bâtir un oratoire pour les réunions de la jeunesse. Les ressources lui font défaut; mais il a, pour le soutenir, sa confiance en Dieu et son invincible énergie. Il met donc la main à l'œuvre ; et, après avoir réuni quelques hommes de bonne volonté, il leur prêche d'exemple, maniant comme eux la pioche et le marteau, et portant durant des journées entières le mortier sur ses épaules. Il quittait néanmoins parfois ses ouvriers, et endossant alors honorablement la besace, il s'essayait déjà à cette carrière de frère quêteur pour le bon Dieu, qui fut l'occupation de sa vie entière, malgré une extrême répugnance naturelle, qui fut, comme il en convenait quelques jours avant sa mort, son principal tourment.

L'entreprise fut conduite avec célérité ; et la paroisse se vit bientôt dotée d'une charmante petite église gothique, dont le principal avantage était de donner, aux précieuses congrégations de la jeunesse, la consistance d'une institution paroissiale.

Ce fut le couronnement des œuvres de zèle de l'abbé Favier dans la paroisse de Langogne. La divine Providence vint le choisir dans un champ si bien travaillé, pour de plus grandes fatigues et pour des œuvres et des luttes d'un autre genre.

CHAPITRE III

Pieux projets de deux époux chrétiens. — Affaire de l'Orphelinat des Choisinets, dans les Conseils de l'Évêché.

Dans le voisinage de Langogne, au hameau des Choisinets, vivaient deux époux vertueux, un de ces heureux ménages comme on en rencontre encore parmi nos religieuses populations, et qui reportent naturellement la pensée au temps de Joachim et d'Anne, de Zacharie et d'Elisabeth : les époux Bonnefille étaient des chrétiens justes et craignant Dieu. Ce n'était point, dit un gracieux touriste qui a visité leur demeure (1), de ces époux fatigués de vivre ensemble et qui se garderaient bien de faire des vœux de profés si le mariage avait un noviciat. Au contraire, depuis plus de trente ans, ils mangeaient le pain de leurs noces, sans le trouver ni moins frais, ni moins savoureux.

C'est que leurs cœurs purs et leurs âmes candides, soutenus par la foi vive du chrétien, ne s'ouvrirent jamais à ces convoitises étrangères qui empoisonnent si souvent les unions les plus riches en promesses de bonheur.

N'allez pas croire néanmoins, que tant de calme et

(1) L'abbé Jory.

de sérénité eussent trouvé grâce devant la loi commune d'après laquelle, ici-bas, il n'est pas de roses sans épines. Ces heureux époux avaient connu deux épines dans leur vie : après trente ans de mariage, ils se trouvaient sans enfants ; et le Ciel, qui leur refusait des héritiers, semblait prendre plaisir à grossir l'héritage. La terre qu'ils habitaient était considérable ; et c'était surtout par leur travail, leur industrie et leurs épargnes qu'ils avaient pu l'acquérir.

Ce bien que le bon Dieu leur avait donné, c'était au bon Dieu qu'ils voulaient le rendre ; sans attendre de s'en voir dépouiller par la mort, ils désiraient l'employer, dans un âge encore peu avancé, à quelque grande œuvre de bienfaisance.

Ce n'est pas chose aisée de se débarrasser d'une fortune qui vous pèse, et les époux Bonnefille, qui avaient déjà fait à ce sujet quelques tentatives infructueuses, se trouvaient dans une étrange perplexité.

« Marianne, dit le charmant visiteur que nous avons déjà cité (les femmes en savent quelquefois plus que les hommes), Marianne crut un jour avoir trouvé ; et s'adressant à son époux : Antoine, il me vient une idée... ; si je ne me trompe, j'ai rencontré l'homme qui nous tirera de peine.

Marianne, de peur d'être entendue des domestiques, parlait bas ; Antoine s'approcha de plus près, et tendit l'oreille avec une attention presque respectueuse. Tu connais aussi bien que moi, poursuivit-elle, le premier vicaire de Langogne. Je le tiens pour un saint ; et je sais qu'à la ville et dans les environs, chacun pense comme nous. Va donc le consulter. il trouvera certainement dans son cœur si charitable, le pieux projet que nous avons tant de peine à découvrir et qui nous sortira d'embarras. »

Une demi-heure après, Antoine Bonnefille chevauchait vers Langogne ; et, avec cet air mystérieux si habituel aux gens de la campagne quand ils ont à parler d'affaires, il se présentait chez M. l'abbé Favier.

A peine instruit de l'embarras un peu nouveau de ces braves gens, le bon vicaire trouva bien naturel de s'informer s'il n'y avait pas de neveux pour prétendre à l'héritage ?

Il y en avait de nombreux, si nombreux, que le bien de la ferme partagé entre tous à portions égales, se réduirait pour chacun à une parcelle insignifiante ; et comme aucun d'eux ne méritait une préférence spéciale, l'intention bien réfléchie des deux époux, pour ne pas faire de jaloux, et éviter le morcellement d'une terre laborieusement acquise, était de la consacrer à une œuvre de charité.

« Si au jour de son entrée dans le monde, disait l'abbé Favier dans un de ses sermons, l'enfant était délaissé de son père et de sa mère, oh ! qu'il serait malheureux ! Pauvre enfant, il a froid et personne pour le réchauffer ; il est nu et personne qui lui donne des langes ; il a faim et pas de mamelle pour l'allaiter ! Par des vagissements plaintifs, il implore la pitié de la terre et du ciel, et la plainte n'est pas entendue. Pauvre enfant... ! »

C'était comme l'écho anticipé de l'âme si sensible de celui qui allait devenir le père des orphelins.

Aussi le voyons-nous, dès sa première entrevue, entretenir Antoine Bonnefille du triste sort où se trouvent réduits les enfants du peuple, lorsque l'im-

pitoyable mort vient moissonner le gagne-pain de la
maison : dès ce jour, il suggère à ce chrétien généreux la fondation d'un orphelinat où, avec sa digne
compagne, ils pourraient trouver cette famille que la
divine Providence leur avait refusée.

Ces grandes âmes ne pouvaient manquer de se
comprendre ; l'idée de l'abbé Favier fût adoptée avec
empressement.

Les époux Bonnefille faisaient abandon de leur do-
maine, mais à la condition expresse que le fervent
vicaire se chargerait de l'entreprise.

On comprend les transes cruelles et l'hésitation de
celui-ci devant la proposition qui lui était faite. Depuis une dizaine d'années, il était l'enfant chéri du
presbytère. Son nouveau curé, comme le précédent,
lui avait accordé toute son estime et une confiance
sans bornes ; ses collègues, incapables d'un sentiment
d'envie, s'étaient attachés à lui par une vive sympathie et les liens d'une sincère amitié. La paroisse toute
entière le vénérait d'ailleurs comme un saint ; et les
pénibles labeurs de son ministère étaient bien adoucis
par les consolations abondantes qui, jusque-là, avaient
toujours couronné les efforts de son zèle. Difficilement,
il eût jamais rencontré une position plus heureuse.

En acceptant les propositions des époux Bonnefille, il fallait renoncer à tous les charmes de cette
existence, et briser tous ces liens. Il fallait, sacri-
fiant le brillant avenir que lui promettaient ses
vertus et ses talents, aller s'ensevelir, à la fleur
de l'âge, dans un lieu désert, sur une sombre montagne, embrasser la vie rude du laboureur, mener
comme lui la charrue, se contenter de sa nourriture
grossière, sans autre société que celle de quelques

bouviers à peine plus intelligents que les animaux parmi lesquels ils avaient été élevés.

La ferme qu'on lui confiait était considérable, il est vrai ; mais, outre qu'elle se trouvait grevée d'assez fortes redevances, elle était de beaucoup insuffisante pour les besoins de l'œuvre qu'il s'agissait de fonder.

Les bâtiments étaient d'ailleurs à construire, et les seules ressources sur lesquelles on pût compter, étaient celles de la Providence. Il fallait aussi organiser un nombreux personnel pour la culture des terres et le soin des orphelins.

La prudence humaine la plus vulgaire eût reculé devant ces difficultés. L'abbé Favier ne voulut pas les voir : confiant en celui qui revêt les lis des champs, et donne aux petits des oiseaux leur pâture, il espéra que le secours du ciel ne lui ferait pas défaut dans la rude tâche qu'il entreprenait pour venir en aide aux pauvres orphelins. Il accepta donc les offres des époux Bonnefille, tout en se réservant néanmoins de soumettre leur dessein à la décision de Mgr l'évêque diocésain.

Je ne voudrais point troubler l'admirable modestie du vénéré Prélat qui gouvernait alors l'église de Mende, et qui jouit d'un repos bien mérité, dans la retraite à laquelle il avait tant de droits à raison de son âge et de ses infirmités ; mais je ne puis m'empêcher de dire que le diocèse n'oubliera jamais ses vertus, et qu'on se redira surtout de génération en génération les merveilles de son immense charité : il faut que j'en parle ici pour expliquer les succès de M. l'abbé Favier.

Proposer à celui qui si souvent s'était dépouillé du

strict nécessaire pour les pauvres, une œuvre qui avait pour but de secourir les plus intéressants de ces chers enfants du bon Dieu, c'était faire à son cœur paternel un appel trop séduisant pour craindre d'essuyer un refus. Il oublia qu'il était évêque ; et fermant les yeux aux considérations de la sagesse humaine qui lui conseillaient de modérer le zèle du jeune vicaire, il l'embrassa tendrement et lui donna ainsi qu'aux époux Bonnefille qui l'avaient accompagné, ses meilleures bénédictions, avec son entière approbation pour leur pieuse entreprise.

A ces faveurs, il en ajouta une plus grande en recommandant quelque temps après la bonne œuvre aux sympathies de son clergé. On nous saura gré de transcrire sa circulaire, en date du 1er novembre 1851 :

« Mon cher M. le Curé,

« Vous partagerez sûrement la joie que j'éprouve en voyant se fonder, en ce moment, dans mon diocèse, une œuvre toute providentielle en faveur des orphelins. Déjà depuis plusieurs années, mon vénérable prédécesseur avait ouvert aux jeunes orphelines un asile où la charité chrétienne leur donne des mères, qui, remplaçant auprès d'elles celles que la mort leur a enlevées, entourent leur enfance des soins les plus dévoués, et, par une éducation solidement chrétienne et parfaitement adaptée à leur position, leur assurent le seul vrai bonheur de cette vie, celui que donne la vertu, et leur préparent le bonheur du Ciel. Les progrès toujours croissants, et le plein succès de cette institution conçue et accomplie par l'inspiration et sous les auspices de la charité la plus pure, semblaient demander la création d'une œuvre parallèle en faveur des jeunes orphelins ; et je l'appelais de tous mes vœux, afin qu'il leur fût donné à eux aussi de retrouver une maison paternelle, où on pût leur prodiguer les soins affectueux que réclame leur âge encore tendre, et pénétrer leurs jeunes cœurs des plus purs sentiments de la piété chrétienne, en même temps qu'ils feraient l'apprentissage de la vie et du travail qui doit la soutenir.

« Grâces au ciel, mes vœux, à peine formés dans le secret de mon cœur, sont déjà exaucés ; et ils le sont avec un tel concours de circonstances, qu'il ne me reste plus qu'à m'écrier avec le Roi-Prophète, dans un profond sentiment d'admiration et de reconnaissance : *A Domino factum est istud ;* c'est bien là l'œuvre du Seigneur.

« Déjà le berceau de la colonie orpheline a reçu les prémices de la famille bénie. Sous les auspices de Marie qui lui a donné son nom, un petit essaim de ces enfants de la Providence y reçoit, avec le pain qui nourrit le corps, le pain de l'intelligence et celui de l'âme par une instruction soignée, par les principes et les sentiments de religion et de vertu qu'on lui inspire.

« Toutefois vous le comprendrez, Monsieur et cher Curé, le grain de sénevé, appelé à devenir un grand arbre, à abriter, du moins en partie, la nombreuse famille des orphelins de la Lozère, demande lui-même des soins et une culture assidue, pour ne pas voir compromise, sinon sa petite existence, du moins l'espérance des développements nécessaires pour qu'il puisse répondre à ses destinées.

« Les commencements d'une institution quelconque sont toujours pénibles et laborieux. Les terres sont là, il est vrai, fertiles et productives ; mais pour donner au centuple, elles appellent d'autres soins que les mains encore novices et inexpérimentées des orphelins. Les édifices ont pu offrir déjà à quelques-uns un toit hospitalier ; mais cette petite Sion a besoin de *dilater ses tentes pour recueillir tous ses enfants, qui lui viendront de l'Orient et de l'Occident. de l'Aquilon et du Midi.* Le sanctuaire où l'orphelin doit invoquer sur lui son Père qui est dans les cieux, et la Mère qu'il lui a donnée, ne s'est pas montré encore à ses yeux attendris ; mais ce Père si bon et si compatissant lui a dit dans l'Evangile : « Ne sois pas en peine du lendemain : celui qui revêt les lis des champs et qui donne la nourriture aux petits oiseaux, connaît tes besoins, et il ne saurait te délaisser. »

» Heureux ceux à qui il sera permis de devenir, à l'égard de ces enfants de prédilection, les instruments de sa paternelle providence ! Vous voudrez, j'en suis sûr, mon cher monsieur le Curé, être de ce nombre en le conjurant de bénir une œuvre si évangélique, si sainte, qui doit porter des fruits si précieux et si doux, pour ces pauvres enfants, pour la religion et pour la société elle-même, en un temps ou elle est sapée jusque dans ses fondements.

» Vous demanderez au Seigneur qu'il daigne couronner les efforts du digne prêtre à qui il a confié, avec le soin de l'œuvre naissante, tout l'avenir de tant d'orphelins qui vont cesser de l'être ; et lorsque vous rencontrerez quelqu'une de ces âmes géné-reuses, qui sont si heureuses de rendre à Dieu, dans la main de ses enfants délaissés, une parcelle des biens qu'elles ont reçus de sa bonté, vous lui direz qu'en la confiant à *l'Ecole et à la Colonie agricole des*

Orphelins de Ste-Marie, on la donne à J.-C. lui-même, puisqu'on la donne à l'infortune qui se présente en son nom, sous les traits de l'innocence du premier âge. Vous lui annoncerez qu'au dernier jour, elle entendra de la bouche du céleste ami de l'enfance, surtout de l'enfance délaissée, ces consolantes paroles : Venez, le béni de mon Père, car j'étais orphelin et vous m'avez recueilli entre les bras de votre charité en vous associant à l'amour et aux sacrifices de ceux qui m'ont tenu lieu de père.....

» Et la sainte Mère des enfants de Dieu, que ne dira-t-elle pas dans ce jour si beau et si consolant pour eux, à ceux qui auront apporté une pierre de l'autel où iront la prier ces petits anges, où ils iront apprendre à la prier toute leur vie, elle qui est, nous disent les saints, la *Mère des Orphelins,* le doux refuge de ceux qui n'en ont point sur la terre ! »

† J. A. M., Evêque de Mende.

Cette lettre était plus qu'un encouragement pour l'abbé Favier, il y vit tout un programme ; et nous aurons occasion de constater dans cet écrit, qu'il en a rempli toutes les prescriptions.

A l'approbation de l'Évêque, nous pouvons en joindre une plus précieuse, celle du souverain Pontife, dont nous sommes heureux de recueillir les éloges : « Ce qui nous a été spécialement agréable, c'est le précieux établissement d'orphelins désigné sous le nom de *Colonie agricole,* et dont la sacrée Congrégation s'est plu à faire mention dans le tribut d'éloges que mérite, à si juste titre, la munificence de cet homme de bien qui a fourni le moyen de fonder une œuvre si sainte et si salutaire.

» Aussi l'éternel Rémunérateur des bonnes œuvres le favorisant de ses dons, il verra son nom béni pendant cette vie ; et, dans l'autre, la couronne immortelle qui lui est réservée deviendra sa récompense. » (Décembre 1854.)

Un concours moins éclatant, mais plus actif, fut celui de deux prêtres, jeunes encore, cependant déjà placés bien haut dans l'estime publique et la confiance de Monseigneur l'Évêque : les abbés Vidal et Baduel.

L'un cessa bientôt, il est vrai, d'habiter un diocèse qui, du reste, n'était pas le sien ; son cœur d'apôtre est allé chercher ailleurs un champ plus vaste que le nôtre pour ses œuvres de zèle et de charité.

L'autre, l'abbé Vidal, est mort, jeune encore, premier vicaire général du diocèse, épuisé de bonne heure par les fatigues d'une laborieuse administration. Nous aurons occasion de revenir sur cet homme de bien, et de constater le généreux concours qu'il prêta jusqu'à la fin à la grande œuvre qui nous occupe, l'orphelinat Ste-Marie des Choisinets.

CHAPITRE IV

La Colonie agricole de Sainte-Marie des Choisinets.

« Le grain de sénevé appelé à devenir un grand
arbre, et à abriter la nombreuse famille des orphelins de la Lozère, est maintenant en terre, couvert
de la céleste rosée des plus précieuses bénédictions ;
mais il demande des soins et une culture assidue
pour ne pas voir compromise, sinon sa petite existence, du moins l'espérance des développements nécessaires pour qu'il puisse répondre à ses destinées. » (1)

Ces soins, cette culture, c'est de l'abbé Favier qu'on
les attend ; c'est à cette œuvre qu'il doit se dévouer
corps et âme. Sans se dissimuler les difficultés de
l'entreprise, et non sans regrets, mais plein de courage, il quitte sa vicairie de Langogne pour la ferme
si déserte des Choisinets.

Suivons-le, par la pensée, dans cet exil volontaire
qu'il s'impose, renonçant à de paisibles et fructueuses
études, échangeant ses livres contre la pioche et la
charrue, pour consacrer tout le temps que lui laisse-
ront libre ses pieux exercices, à la culture de terres
presque incultes et aux soins minutieux d'une nom-

(1) Circulaire déjà citée de Mgr l'Evêque.

reuse famille d'orphelins. Nous le verrons, durant
rès de vingt ans, disputer à un sol ingrat la nour-
iture journalière de ses enfants adoptifs, filer ou
isser la laine pour recouvrir leurs membres nus et
aidis par le froid, extirper l'ignorance et l'oisiveté
uxquelles ils paraissaient condamnés par le malheur
le leur naissance, et leur chercher, quand ils sont en
ige de se suffire, des professions utiles ou d'honnêtes
ositions.

Il fallait à la fois tout créer, tout organiser et, dans
un même jour, se montrer prêtre à l'autel et partout,
naître d'école à certaines heures, architecte et maçon
plus d'une fois, moissonneur au temps de la moisson,
aboureur à la suite des bouviers ; il fallait, à l'heure
lu repas, sans laisser paraître de répugnance, accep-
er la grosse écuelle de soupe aux pommes de terre
umantes, et le morceau de fromage avec le pain
grossier, et parfois, le dimanche, le rustique régal
d'une portion de viande salée.

Ajoutons qu'il coucha souvent en rase campagne et
que, pour reprendre, plusieurs années plus tard,
l'usage d'un peu de vin à son repas, il fallut les
ordres exprès de son évêque effrayé du dépérisse-
ment d'une santé qui devenait de jour en jour et plus
précieuse et plus compromise.

Moins heureux que les domestiques employés à la
ferme, après avoir partagé toutes leurs fatigues, tandis que ceux-ci allaient prendre leur repos, il prolon-
geait ses veilles bien avant dans la nuit pour ses
pieux exercices, auxquels il se montra toujours
fidèle ; et le matin, il devançait le jour pour l'oraison
et la sainte messe.

On a calculé que son sommeil était à peine de trois

ou quatre heures à certaines époques; et si, dans les saisons moins occupées, il pouvait le prolonger au delà, il était interrompu par la visite des dortoirs et des dépendances de la ferme.

Combien de fois, s'armant du bâton du voyageur et mieux encore de ce courage invincible que donne la charité, il s'en allait un peu partout, à travers la France, frappant aux portes ennemies ou indifférentes comme aux portes amies, demandant au nom du bon Dieu de quoi loger et nourrir ses orphelins? Il a maintes fois avoué, depuis, que ce fut toujours là son labeur de beaucoup le plus rude. Et, en effet, les travaux des champs et les privations auxquelles ils condamnent, n'usent guère que le corps; mais pour se soumettre aux humiliations, salaire inévitable de quiconque tend la main, il faut dompter une nature qui se révolte toujours, avec une fierté d'autant plus impérieuse, que le cœur a des instincts plus nobles et plus généreux.

Une anecdote entre mille nous fera mieux comprendre les fatigues de ces courses héroïques.

Un soir, bien avant dans la veillée, un domestique de M. de B..., faisant une ronde dans la cour de son maître, entend une espèce de bruit sourd au fond d'un tombereau; il s'approche doucement et, à la lueur blafarde de sa lanterne, il aperçoit l'abbé Favier profondément endormi. Le maître est immédiatement prévenu et vient chercher querelle à l'intrus de ne lui avoir pas demandé un gîte. Celui-ci s'excuse de son mieux, et l'on comprend à ses aveux qu'il a aussi besoin de nourriture. Il n'avait pris, depuis le matin, que le morceau de pain sec, son compagnon habituel de route; et, exténué de faim et de fatigue, après une journée de course, il ne s'était pas senti la force de regagner sa demeure.

Qui mieux que lui pouvait redire avec saint Vincent de Paul, dont il imitait si bien l'ardente charité : « Voilà que j'ai été obligé de coucher sur la « paille pour faire aller les âmes en paradis par l'ins- « truction et la souffrance. »

En se chargeant de sa grande œuvre, l'abbé Favier avait compté sur le concours de quelqu'une de ces congrégations ferventes , que l'on trouve toujours disposées à venir en aide, quand il s'agit de soulager la misère et d'adoucir le malheur. Mais Dieu, qui voulait lui laisser toute la gloire de sa fondation, et sanctifier son serviteur par de rudes épreuves, permit que ses démarches restassent infructueuses et que ses propositions fussent par tous repoussées.

Pour sortir d'embarras, il imagina alors de fonder une congrégation spéciale et fit appel, pour cela, au dévouement de quelques pieux jeunes gens du voisinage.

Plusieurs se rendirent à son invitation ; il s'en trouva même qui, entrant plus complétement dans ses vues, acceptèrent de partager son abnégation et son ardente charité pour ses pauvres pupilles. De ce nombre étaient ceux qui se sont appelés plus tard en religion Frère Nérée et Frère Narceau : saintes âmes que le père de famille a moisonnées de bonne heure, et qui méritent de vivre à côté du pieux fondateur, dans le souvenir reconnaissant de leurs enfants d'a-doption.

Avouons néanmoins que ces sentiments désin-téressés furent rares. La plupart des jeunes gens pé-niblement réunis se dégoûtèrent bientôt d'une vie rude et si obscure : c'était presque toujours à l'époque où leur concours eût été le plus utile et le plus nécessaire, qu'ils abandonnaient leur poste pour aller *suivre leur saison*, selon le langage du pays, et courir après le salaire ordinairement élevé des grands travaux.

Ainsi, chaque année, au moment où le pauvre abbé Favier avait le plus besoin de secours, il voyait s'éloigner ses recrues, et retomber sur ses épaules, avec le soin d'une cinquantaine d'orphelins, toutes les charges d'une grande exploitation, l'unique ressource assurée pour faire face à tant de besoins.

Il trouva cependant un appui qui ne lui fit jamais défaut, dans le concours d'un ami qui le tira de peine au moment de ses plus cruels embarras : c'était ce confrère dévoué dont nous avons déjà parlé, M. l'abbé Henri Vidal, son ancien collègue à la vicairie de Langogne, et devenu, depuis cette époque, vicaire général du diocèse.

L'abbé Vidal était un homme d'un vrai mérite qui, sous une écorce sévère, cachait un grand cœur et une âme généreuse. Il avait promis à son ami son concours, au moment de ses engagements ; et nous pouvons affirmer qu'il est demeuré, jusqu'à la fin, fidèle à sa promesse. Un de ses plus doux délassements, lorsque les affaires de l'administration le lui permettaient, était de se rendre à pied à Sainte-Marie des Choisinets, de s'informer des besoins de l'œuvre, d'assister aux ébats des enfants recueillis dans cet asile, et de leur faire servir un petit régal avant son départ. C'est lui qui procura le premier ameublement de la maison, et donna une poignée de pièces d'or au domestique de la ferme, pour l'acquisition de la première monture, dont il n'a jamais voulu se servir, faisant plusieurs lieues à pied, tandis que d'autres allaient à cheval à ses dépens.

. Cependant sa bonté accoutumée fut un jour mise à l'épreuve : l'abbé Favier s'était présenté chez lui l'œil terne, la figure abattue et dans une contenance empreinte de tristesse. C'était à l'époque de la construction des bâtiments ; et comme la dépense avait de beaucoup dépassé ses prévisions, il se trouvait à bout de ressource et venait faire part à son bienfaiteur habituel, de son cruel embarras.

Le bon abbé Vidal eut l'air de le blâmer de son imprévoyance ; mais en même temps il faisait arrêter sa place à la voiture, et envoyait parmi ses bagages un lourd porte-manteau. Il était plein d'écus, nous disait longtemps après l'abbé Favier, racontant avec une bonhomie pleine de gaieté le singulier embarras où il s'était trouvé en descendant de voiture, obligé de rouler le riche fardeau dans le fossé qui bordait le chemin, pour aller chercher, au village le plus voisin, un cheval sur lequel on pût charger ce précieux porte-manteau et le transporter jusqu'à l'orphelinat de Sainte-Marie des Choisinets.

Peu de temps après, son généreux ami le rencontra, la soutane rapée jusqu'à la corde, les souliers jaunis et déchirés, et coiffé d'un mauvais chapeau ramassé dans les rebuts d'un confrère voisin. Il fut tenté de le saluer avec vénération comme le faisaient les Parisiens à l'égard du R. P. de Ravignan, que l'on vit si souvent sillonner leurs rues dans un accoutrement relativement presque aussi pauvre ; mais, feignant un dépit qui n'était pas dans son âme, il le réprimanda très-vertement et exigea que désormais lui rendît un compte exact de ses honoraires de messe, à part un nombre très-restreint qu'il lui laissait pour ses devotions particulières. Le but avoué de cette réserve était de pourvoir à ses frais d'entretien un peu trop négligé ; toutefois la précaution ne fut pas très-efficace : celui qui s'était fait si volontairement le père des pauvres orphelins, continua comme eux à vivre de privations et à se revêtir de leurs livrées.

Chose étrange, ce pauvre accoutrement, qui pour tout autre aurait attiré le mépris, n'empêcha jamais pour lui le respect et lui valut même un jour une haute et très-puissante protection.

Admirons ici les secrets de la divine Providence, qui fait tourner quelquefois les circonstances les plus insignifiantes à l'accomplissement de ses plus grands desseins.

La femme du Préfet placé à cette époque à la tête du département, était sortie en calèche découverte, pour respirer l'air pur de nos montagnes et se remettre d'une légère indisposition. Le cocher allait lentement et la dame s'amusait à considérer les accidents de la route, lorsque son regard rencontra un pauvre prêtre couvert d'éclaboussures, et dont la démarche pénible accusait une longue course et une grande fatigue. Elle en eut pitié, et, faisant arrêter ses chevaux, invita l'ecclésiastique fatigué à monter dans sa voiture.

C'était l'abbé Favier qui, après une journée de marche par des chemins boueux, accepta avec reconnaissance le soulagement.

La dame voulut connaître son histoire ; le bon abbé l'entretint surtout de ses orphelins et s'efforça de gagner à son intéressante famille une protection qui lui était offerte d'une manière si inopinée. Il n'eut pas de peine à réussir. L'honorable M. D..., alors député, avait eu occasion de voir l'abbé Favier à l'œuvre, et il l'avait recommandé au premier magistrat du département, comme il le fut plus tard au ministère, par le nouveau représentant de M. le comte de C... Le pauvre abbé fût descendu dans le triste état où il se trouvait à l'hôtel de la Préfecture, où on lui fit l'accueil le plus sympathique ; à partir de ce jour, il put compter sur le concours bienveillant de M. le Préfet, comme sur celui du député, qui depuis longtemps lui était assuré. Grâce à ces puissants protecteurs, il obtint de l'assemblée départementale un subside annuel ; mais d'autres faveurs plus grandes que lui valurent les mêmes appuis, furent la création d'une école primaire et l'érection de la section des Choisinets en succursale.

Son œuvre était maintenant sauvée et avait assez de consistance pour espérer désormais le concours d'un corps religieux. Des offres furent faites de nouveau à l'Institut des Frères des Écoles chrétiennes. Les bons Frères des établissements voisins, qui avaient vu l'abbé Favier à la tâche, appuyèrent chaleureusement sa demande auprès de leurs supérieurs, qui se chargèrent de l'Orphelinat, à condition toutefois que le zélé fondateur n'abandonnerait pas son œuvre et continuerait, d'un commun accord avec les nouveaux maîtres, à lui donner tous ses soins.

Les clauses furent acceptées de part et d'autre ; et la colonie agricole de Sainte-Marie-des-Choisinets devint, vers la fin de 1859, une des œuvres privilégiées du bon Frère Philippe et de l'Institut du vénérable abbé De La Salle.

CHAPITRE V

L'Orphelinat de Sainte-Marie des Choisinets sous la direction des Frères des Écoles chrétiennes.

La joie qu'éprouve un père de famille lorsque, après avoir souffert avec ses enfants les rudes émotions d'une longue et périlleuse traversée, il peut enfin toucher le port, nous donne à peine une idée du bonheur de l'abbé Favier lorsque, après huit longues années de péripéties et de luttes infructueuses, il vit se réaliser son vœu le plus cher, celui de confier sa nombreuse famille à une garde non moins dévouée, non moins vigilante que la sienne et plus assurée.

Jusque-là l'œuvre reposait tout entière sur sa tête, et n'offrait pas grande consistance; maintenant il peut mourir en paix, ses chers orphelins sont certains de conserver leur asile.

Son Évêque l'avait déjà nommé chanoine honoraire de sa cathédrale. Ce fut encore l'abbé Vidal qui voulut se charger de lui en apporter la nouvelle avec les insignes.

Comme l'élu se trouvait en ce moment aux champs, employé à la moisson, l'envoyé de Monseigneur alla l'y trouver ; et c'est au milieu de ses rudes travaux qu'il le revêtit de la mosette et lui donna l'accolade fraternelle.

La pensée ne se reporte-elle pas naturellement à saint Bonaventure occupé à laver la vaisselle dans l'office de son couvent, quand les envoyés du saint Père lui apportèrent les insignes du Cardinalat?

Une autre distinction que réclamait pour lui l'opinion publique et que sollicitèrent les autorités de la ville voisine, fut l'un des prix de vertu de la fondation Montyon décernés, chaque année, par l'Académie. Les prodiges de dévoûment accomplis par l'abbé Favier, dès qu'ils furent révélés aux académiciens, lui assuraient tous les suffrages. « Après avoir donné sa démission de vicaire de Langogne, dit l'honorable rapporteur, il recueille trente-cinq orphelins, et, seul d'abord, il se dévoue à remplir les plus infimes et les plus pénibles fonctions. C'est lui qui les veille, les habille, les instruit, et qui, la bêche, le râteau, la faucille à la main, les dresse et les accoutume à tous les travaux des champs (1). » Sans doute, il fut sensible à l'honneur que lui décernait l'Académie; mais il ne cachait pas que sa principale satisfaction avait été de trouver, dans cette récompense, une précieuse ressource pour faire face aux premiers frais d'installation de ses chers Frères. Inutile pour ceux qui l'ont connu, d'ajouter que ces distinctions, ainsi que celles qu'il reçut plus tard, ne portèrent jamais la moindre atteinte à sa profonde modestie et à son admirable simplicité.

L'abbé Favier, en concluant son arrangement avec l'Institut du vénérable de La Salle, avait désiré des religieux dévoués pour l'aider dans sa tâche et continuer son œuvre. Il eut lieu d'être satisfait des choix qui furent faits. Nous ne voudrions pas blesser la

(1) Rapport de M. Saint-Marc Girardin, du 23 août 1860.

modestie du bon Frère directeur, qui depuis seize ans se consume dans ce poste avancé du sacrifice ; mais difficilement on eût mieux rencontré : entre le saint fondateur, et celui qui a accepté de continuer son œuvre, sauf l'habit et le caractère religieux, on ne voit guère de différence.

Deux des anciens compagnons de l'abbé Favier, demeurés fidèles jusques à la fin, sollicitèrent la faveur d'être reçus dans l'Institut. Revenus aux Choisinets après les épreuves du noviciat, ils sont morts à la tâche, laissant une mémoire pleine de bénédiction. C'est le Frère Narceau, l'habile constructeur de l'église et du presbytère des Choisinets, et le Frère Nérée qui, le premier, a mis en vogue dans la maison le mot de passe, quand les fatigues s'accumulent outre mesure: *Courage donc, mon âme, le ciel en est le prix*; et cet autre non moins admirable : *au temps, le travail*; *à l'éternité, le repos.*

. L'abbé Favier voulut lui-même faire partie de la communauté ; et, après avoir obtenu d'être agrégé à l'Institut, il vécut comme un simple Frère, et conserva sa cellule dans l'établissement.

Transportons-nous maintenant par la pensée, dans ces lieux autrefois si solitaires, et aujourd'hui si bien habités. Là, cinquante orphelins trouvent d'une manière absolument gratuite une nourriture saine, une instruction solide, et jusqu'aux soins tout maternels que leur prodiguent les bonnes sœurs de Saint-Joseph, chargées de la cuisine, de la lingerie et de l'infirmerie. Là, tout en se formant aux vertus chrétiennes, ils reçoivent une instruction primaire solide, et ils acquièrent la connaissaissance pratique des bonnes méthodes pour la culture des champs.

Le teint frais et vermeil de ces pauvres enfants, leurs membres souples et vigoureux, et surtout leurs joyeux ébats, disent assez qu'ils ont retrouvé, dans cet asile, tous les bons soins de la famille, et ne songent guère à se plaindre de leur condition d'orphelins.

Sans doute, leur vêtement modeste, leur nourriture simple et frugale, les murs de leur demeure nus et leurs meubles rustiques leur rappellent la pauvreté ; non celle qui dégrade et abrutit, comme on le voit trop souvent parmi ceux de leurs frères qui croupissent à l'aventure dans les rues ou les carrefours de nos villes, mais une pauvreté digne, sans haillons, sans haine et sans larmes ; une pauvreté qui forme leur corps au travail et leur cœur à la reconnaissance, en ne laissant aucune place aux regrets si fâcheux des fausses jouissances de la vie, dont ils ne soupçonnent même pas l'existence.

Dès que l'âge de dix-huit ou vingt ans les met à même de se suffire, plusieurs, pour ne pas s'éloigner d'une maison qui leur rappelle tant de souvenirs, servent en qualité de domestiques dans les travaux de la ferme ; d'autres, en plus grand nombre, désireux de marcher sur les traces de leurs bons maîtres, se vouent à la carrière si méritoire de l'enseignement primaire ; pour ceux qui n'ont pas ces goûts, on choisit avec soin une honorable position, conforme à leur aptitude.

Tous aiment à entretenir des relations avec la maison où s'écoula leur enfance, dans le calme et la tranquillité, et il est peu de courriers qui n'apportent, à leurs anciens maîtres, des lettres pleines de sentiments pieux et d'une vive reconnaissance.

Comment dépeindre la satisfaction d'Antoine et de Marianne, ces heureux époux Bonnefille, surtout au moment de la récréation, lorsque, contemplant cette troupe innocente, ils entendaient ces bandes enfantines leur redire, avec un ineffable sourire : « Bonjour, père ! Bonjour, mère ! » Alors leurs yeux s'humectaient de douces larmes ; et, tout en bénissant le Seigneur, ils savouraient avec délice les joies si pures réservées aux cœurs généreux.

Depuis, Antoine est mort comme meurent les saints, avec un calme et une résignation qui ressemblaient presque à un commencement d'éternelle jouissance.

La digne veuve de cet homme de bien, après lui avoir fermé les yeux, ne semble lui avoir survécu que pour purifier davantage sa sainte âme dans le recueillement et la prière, au creuset de la souffrance et du sacrifice.

Il faut que cette petite *Sion*, avait dit Monseigneur, *dilate ses tentes...* Il faut que le *sanctuaire où l'orphe-phelin doit invoquer son Père qui est dans les cieux se montre à ses yeux attendris.* La première partie du programme est maintenant réalisée, de vastes constructions ont été élevées et aménagées avec intelligence. Les nombreux habitants de la maison s'y trouvent à l'aise ; et, lorsque les ressources le permettront, on trouvera la place nécessaire pour en recevoir un plus grand nombre. Mais la chapelle reste à faire.

L'humble salle qui a servi jusqu'ici pour les pieux exercices est trop étroite, trop semblable à l'étable de Bethléem, pour qu'on puisse s'en contenter plus longtemps.

Il faut aussi un presbytère pour le pasteur préposé au soin de cet intéressant petit troupeau.

C'est à cette double œuvre que va se vouer maintenant l'abbé Favier, avec cette énergie de volonté dont il ne s'est jamais départi dans ses diverses entreprises, malgré les plus grandes difficultés.

Jusque-là, ses goûts avaient été modestes et réservés ; mais pour la maison du Seigneur et la demeure de son ministre, son ambition se réveille ; il lui faut un presbytère confortable, quoiqu'il ne doive jamais l'habiter ; il lui faut surtout une belle et magnifique église.

Il se fait architecte ; et parcourant, le crayon à la main, les chapelles qu'on lui signale comme les plus remarquables, il emprunte à chacune ses principales beautés et trouve dans son génie le moyen de les coordonner, de manière à en faire un tout uniforme et plein de grâces.

« Je suis loin d'être un connaisseur, dit le gracieux touriste que nous citons avec plaisir et aussi avec regret pour la dernière fois, je me suis permis néanmoins d'admirer la grande pureté de son style, sa voûte élancée, ses colonnes romanes avec leurs chapiteaux si délicatement sculptés, et surtout ses vitraux dont les sujets si touchants et les couleurs aux teintes suaves, élèvent l'âme et ravissent les yeux.

« Lorsqu'elle aura revêtu tous les ornements qui lui sont promis et qu'elle attend encore, faute de ressources, elle pourra bien, sans témérité, jeter un défi à la plupart de nos églises de paroisse.

« Et dire que cette construction, laquelle partout ailleurs eût exigé une dépense d'au moins cinquante mille francs, n'a pas coûté le tiers de cette somme !

« Là, chacun apportait sa pierre. Les bons religieux s'improvisaient maçons; l'abbé Favier, tout en restant l'unique architecte, faisait comme eux, tandis que les enfants se prêtaient joyeusement au travail de manœuvres.

« Le bon architecte raconte à ce propos les choses les plus touchantes sur le dévoûment infatigable du frère Thomaïde, directeur de l'établissement, sur l'adresse et la tenace intrépidité du frère Narceau. Ceux-ci, à leur tour, ne tarissent guère sur le compte de l'abbé Favier. »

La façade élégante de l'édifice fut bientôt surmontée de trois belles cloches, don suprême d'Antoine Bonnefille, et qui, aux jours des grandes solennités, font retentir joyeusement les échos jadis si silencieux de ces vallées solitaires.

Les travaux de l'église ne firent pas négliger ceux du presbytère; ils marchèrent de pair; et l'aimable curé qui l'habite est tout joyeux de faire les honneurs de ses beaux appartements aux nombreux visiteurs de l'établissement.

Ces grands travaux terminés, et les enfants confiés à la sollicitude paternelle des bons Frères, l'abbé Favier ne pouvait plus trouver aux Choisinets de quoi satisfaire l'activité dévorante de son âme d'apôtre. Sans quitter définitivement l'établissement où le retenaient trop de liens, il voulut utiliser les longs loisirs que lui laissait la saison de l'hiver, si rude en ces parages. Il alla offrir son concours à l'Œuvre des missions diocésaines, se réservant de revenir aux Choisinets reprendre son poste de dévoûment durant la saison des grands travaux.

CHAPITRE VI

L'Apôtre du Gévaudan.

Saint Vincent de Paul, qui mit toujours en tête de ses immortelles fondations la Société de ses prêtres missionnaires, a décrit avec beaucoup de simplicité leur vie de zèle et de dévoûment.

« Cet état de missionnaire, dit-il, est une situation conforme aux maximes de l'Évangile qui consistent à tout abandonner, à tout quitter, comme les apôtres, pour suivre Jésus-Christ ; car y a-t-il rien de plus chrétien que de s'en aller de village en village pour aider le pauvre peuple dans ses misères. »

Nous pouvons ajouter qu'il n'y a rien de plus conforme à l'exemple de Jésus-Christ, qui ne semble être venu dans ce monde que pour évangéliser les pauvres, et qui, durant sa vie publique, dédaignant Jérusalem et les autres cités voisines, s'appliquait surtout à parcourir les bourgades et même les simples villages de la Judée et de la Galilée.

Instruire et moraliser le peuple, entretenir et développer au besoin ses instincts religieux, réparer les injustices, terminer les procès, réconcilier les familles, ramener aux pieuses observances ceux qui auraient pu s'en éloigner ; ou bien, comme le même saint Vincent de Paul, au chevet du fermier mourant de Folleville, refaire des confessions qu'une fausse honte aurait rendues mauvaises, tel est le bien ordinaire qui se fait dans les missions.

Un tel ministère était propre à séduire l'âme ardente de l'abbé Favier, aussi éprouva-t-il une grande et bien douce joie le jour où, devenu plus libre par l'arrivée des chers Frères aux Choisinets, il se vit appelé par son évêque à l'Œuvre des missions diocésaines, si consolante et si chère au cœur du prélat.

Il ne quittait pas pour cela, ainsi que nous l'avons observé, ses enfants adoptifs ; mais tout en consacrant à la prédication les six mois de l'hiver, il s'était réservé pour eux les six mois de l'été, que les Missions lui laissaient disponibles. Son année était ainsi partagée en deux parties à peu près égales, et tout à fait distinctes : la première, qu'il appelait ses vacances, était employée à évangéliser les diverses paroisses du diocèse ; et la seconde, à reprendre les fatigues et les privations des premiers jours de sa fondation.

Pendant dix ans, à la fin de l'automne, après les travaux des récoltes, on le voyait, armé du bâton de l'apôtre-missionnaire, diriger ses pas vers les campagnes reculées, où l'attendaient des moissons d'un autre genre.

Il est rapporté de saint François Régis, que notre fervent missionnaire semblait avoir choisi pour modèle, qu'un jour, surpris par le mauvais temps, il s'était trouvé confiné dans une misérable masure du Haut-Vivarais, n'ayant, pour se sustenter durant trois semaines, qu'un peu de pain noir et quelques mauvais légumes.

Ces accidents furent fréquents dans la carrière apostolique de l'abbé Favier, avec cette différence que, grâce à sa constitution et à son indomptable énergie, il savait braver la tourmente et se rendre au jour fixé dans les paroisses désignées pour ses prédications. Une fois, dans les Cévennes, il fut jeté hors de sa route par un affreux orage et arriva, au milieu de la nuit, dans une contrée entièrement protestante, au village de Témélac ; après quelques instants de repos, et comme le jour commençait à poindre, il se mit en route et traversant durant trois grosses lieues d'immenses amas de neige, il arriva à Saint-Germain-de-Calberte pour célébrer la sainte Messe et commencer les exercices de la Mission.

Dans nos paroisses rurales, malgré la bonne volonté de Messieurs les Curés, il avait à s'imposer de nouveaux sacrifices et à subir des privations d'un autre genre. On sait combien la plupart de nos églises de campagne sont humides et les presbytères délabrés. Très-souvent en descendant de chaire, tout trempé de sueur, il n'avait pour se réfugier que des confessionnaux ruisselants d'humidité, où il fallait rester immobile pendant des journées entières. De là, passant au presbytère, il n'y trouvait que des appartements délabrés où le vent pénétrait de toutes parts à travers les fissures des lambris disjoints et des murailles en ruines. Enfin, pour comble de mortifications, les chemins, souvent impraticables en cette mauvaise saison, ne permettaient pas de recourir aux marchés voisins, et de se procurer les provisions les plus indispensables aux besoins de la vie.

L'abbé Favier a enduré, durant dix ans, toutes ces privations sans laisser jamais échapper aucune plainte ; il trouvait au contraire qu'on le traitait trop bien, prétendant qu'il n'en fallait pas tant pour un pauvre homme accoutumé de longue date à la vie dure et pénible des plus humbles ouvriers cultivateurs.

C'est dans ces rudes conditions qu'il a évangélisé, en dix ans d'apostolat, à peu près toutes les paroisses du diocèse. Partout sa parole, soutenue par ses exemples et ses ferventes prières, a profondément remué les masses et produit des fruits abondants de salut.

Difficilement on pourrait calculer le nombre des âmes qu'il a gagnées à Dieu, et qui pèsent en sa faveur, dans la balance du jugement, après lui avoir valu, durant sa vie, les bénédictions et la reconnaissance de tant de populations.

« M. Favier, écrivait-on de Château-Neuf au *Courrier de la Lozère*, M. Favier a distribué matin et soir, pendant dix jours, le pain de la parole avec un zèle et une onction tout à fait remarquables. Ses instructions bien choisies et adaptées à nos besoins, resteront longtemps gravées dans nos cœurs et produiront des fruits durables. »

On écrivait encore de Chanac, au même journal :

« C'est le R. P. Favier qui a prêché la station jubilaire. On peut le dire, le travail du pieux et infatigable missionnaire a été couronné d'un plein succès.

« Sa parole ardente et pleine de zèle et d'onction comme son cœur, a su pénétrer dans toutes les âmes. Les fidèles accourus de tous les points de cette vaste paroisse se pressaient soir et matin aux pieds de la chaire de vérité ; et cette foule nombreuse, profondément attentive et silencieuse, accueillait avec avidité la semence divine qui tombait de ses lèvres. Tout a réussi à merveille ; la communion générale des hommes surtout était capable d'émouvoir les cœurs les plus endurcis. »

A chacune de ces stations, le même enthousiasme et les mêmes éloges se seraient manifestés, si sa modestie, alarmée du bruit qui se faisait autour de son nom, n'avait imploré du journaliste, comme une grâce, de ne plus reproduire les correspondances de ses reconnaissants auditeurs.

Il ne faisait cependant pas de grands frais d'éloquence : comme saint Paul, il affectait un suprême dédain pour l'art que l'humaine sagesse recherche trop souvent avec un soin excessif. Ses sermons se ressentaient même parfois de la nécessité où il s'était vu réduit de renoncer complétement aux études, pour se donner tout entier aux travaux et aux préoccupations de sa grande fondation. Ses collègues crurent devoir lui reprocher, dans diverses circonstances, les négligences de son style. On sait que le saint apôtre du Velay et du Vivarais eut aussi à subir les mêmes observations et les mêmes réprimandes. « Un prédicateur de grand renom se trouvant au Puy, dit l'historien de cet illustre saint, s'adressa au P. Provincial Jean Filleau, qui faisait alors sa visite dans le collége de cette ville ; il lui représenta que le P. Régis était à la vérité un saint homme ; mais que sa manière de prêcher convenait peu à la dignité de la chaire ; que son style bas et rampant, et les choses triviales qu'il débitait, déshonoraient son saint ministère. Le Provincial lui répondit qu'il voulait examiner de près ce qu'il lui disait, et il le mena avec lui entendre le saint missionnaire.

« Le Provincial fut si touché de la solidité et de

l'onction divine avec laquelle Régis expliquait les vérités évangéliques, qu'il ne fit que pleurer pendant tout le sermon. Au sortir de l'église, il se tourna vers son compagnon, et se sentant encore ému et pénétré : « Ah! mon Père, lui dit-il, plût à Dieu que tous les orateurs chrétiens prêchassent avec cette divine onction ! Laissons prêcher le saint homme avec sa simplicité apostolique ; le doigt de Dieu est ici. »

Quelques jours après, le même Provincial ayant assisté à un catéchisme que faisait le P. Régis, s'écriait, en fondant en larmes : « Si ce Père prêchait à quatre lieues d'ici, j'irais l'entendre à pied. Cet homme est plein de Dieu et de l'amour de Jésus-Christ; il n'y a pas son pareil. »

En citant cette appréciation du P. Régis, je me suis oublié ; car vraiment je ne vois rien à retrancher pour l'appliquer au P. Favier.

On peut dire de lui, comme de l'apôtre du Vivarais, qu'il exposait les vérités chrétiennes avec une netteté et une simplicité qui les rendait sensibles aux plus stupides, avec une solidité et une force qui convainquaient les plus opiniâtres, avec une onction divine qui forçait les plus insensibles à les aimer.

Sa vie sainte donnait une nouvelle efficacité à ses discours; sans parler, il persuadait et touchait. L'impression produite par son passage, dit encore celui de ses collègues que nous avons déjà cité (1), peut se résumer par ces paroles qu'on entendait sortir de toutes les lèvres : « Nous avons vu un saint, nous avons entendu un saint. »

La mort, le jugement, l'enfer, le malheur de ceux

(1) L'abbé Jory.

qui diffèrent leur conversion, était la matière la plus ordinaire de ses prédications ; et il traitait ces grandes et redoutables vérités avec un accent si pathétique, que tous ses auditeurs sortaient de l'église saisis d'effroi et avec la résolution de se convertir.

Nous avons déjà signalé bien des fois le grand intérêt qu'il a toujours porté à la jeunesse chrétienne. On sera peu surpris de voir le même amour se manifester avec une nouvelle ardeur dans ses courses apostoliques.

Les enfants, disait-il dans une instruction à ceux de cet âge, ont été l'objet de la prédilection et des caresses du bon Jésus ; avouons d'un autre côté, à leur louange, qu'ils se montrèrent toujours reconnaissants. S'il s'agissait d'acclamer le Seigneur et de crier : Gloire au fils de David, *Hosanna filio David*, c'étaient les enfants qui se trouvaient au premier rang et criaient le plus fort : *Pueri clamabant;* tandis qu'on ne les vit point parmi le peuple farouche qui, cinq jours après, demandait à grands cris sa mort.

Comme son divin Fils, la sainte Vierge a eu une prédilection toute particulière pour l'enfance ; et si, dans ces derniers temps, elle a quitté le Ciel pour venir sur la terre remplir une mission de miséricorde, ce sont des enfants, à La Salette, à Lourdes, à Pontmain, qui ont été choisis pour les confidents de ses secrets et les instruments de ses prodiges.

Partant de ce principe, l'abbé Favier faisait une attention toute particulière à la jeunesse des paroisses qu'il évangélisait. Il tâchait surtout de gagner la confiance de leurs maîtres, et mettait ensuite toute son influence à profit pour stimuler leur zèle et provoquer leur dévoûment.

ll nous reste à le suivre dans une autre situation bien importante, où cette affection pour la jeunesse se manifesta jusqu'à l'héroïsme de l'abnégation et du dévoûment, je veux dire sa campagne militaire.

CHAPITRE VII

La guerre néfaste de la France contre la Prusse était engagée, et les plus tristes nouvelles arrivaient des premiers champs de bataille.

Aux vieilles troupes qui s'étaient montrées impuissantes à arrêter le torrent, on eut la malheureuse idée de substituer de pauvres enfants entièrement novices dans l'art de la guerre, et qui, dans les précédents conseils de révision, n'avaient pas été jugés capables d'en supporter les fatigues.

C'est ce qu'on appela l'armée des mobiles, suivie de près de celle des mobilisés.

L'administrateur qu'avait envoyé en Lozère le dictateur de Tours, déploya beaucoup de zèle et se montra d'une grande sévérité pour enrôler ces pauvres jeunes gens. Le fardeau qu'on leur imposait fut encore aggravé par l'extrême rigueur de l'hiver, qui semblait avoir conspiré avec nos ennemis pour la profonde humiliation de la France coupable.

Les familles, atteintes dans ce qu'elles avaient de plus cher, se trouvèrent tout à coup plongées dans une extrême affliction et une grande anxiété. Le cœur si sensible du Prélat qui gouvernait alors le diocèse, partageait leurs alarmes ; et quand il fit appel à son clergé pour aller au secours de ces pauvres enfants,

3.

il dut se sentir satisfait du nombre des dévoûments qui répondirent à son invitation.

Inutile de dire que, parmi ces braves aumôniers volontaires, figurait au premier rang l'abbé Favier, et que ce fut sur lui tout d'abord que s'arrêta le choix du Pontife.

Il s'agissait de s'entendre avec le Préfet que l'on croyait en mesure, durant ces temps de trouble, de donner à l'aumônier une situation officielle.

Le Préfet était loin d'être favorable à cette généreuse intervention du clergé ; mais, comme il avait des ménagements à garder, il dissimula sa mauvaise volonté sous le prétexte de la dépense. L'objection n'était pas sérieuse ; il fut facile à l'Evêque de s'entendre avec l'abbé Favier à ce sujet, et le journal du lendemain annonça aux familles éplorées la bonne nouvelle du départ du fervent missionnaire pour aller rejoindre leurs enfants. « Nous sommes heureux, disait le journaliste, d'annoncer à nos lecteurs que Mgr l'Evêque de Mende vient d'attacher un de ses prêtres comme aumônier au bataillon des gardes mobiles de la Lozère.

« Son choix s'est arrêté sur M. l'abbé Favier, chanoine honoraire, missionnaire apostolique et diocésain, supérieur de l'orphelinat de Sainte-Marie des Choisinets.

« Une telle mission devait sourire au cœur de ce digne ecclésiastique ; qui ne connaît son zèle et son dévoûment ? Aussi s'est-il empressé de partir et d'aller rejoindre à Mâcon le bataillon de nos mobiles.

« Ce sera pour nos familles une douce consolation de penser qu'un prêtre connu et aimé, est désormais associé aux fatigues, aux dangers, à la vie de leurs enfants. Sa présence leur rappellera en quelque sorte le foyer paternel, l'église du village, les pieuses pratiques que leur enseignèrent des mères chétiennes.

« Il sera pour eux un ange tutélaire ; et si une heure fatale venait à sonner, si quelques-uns, intrépides défenseurs de la patrie, devaient tomber sous les balles ennemies, une main de prêtre se lèvera sur eux, pour les bénir à leur dernière heure et leur ouvrir le ciel. »

Hâtons-nous d'ajouter que jamais pareilles promesses ne furent acceptées avec plus de joie, et accomplies avec plus de fidélité.

C'est sur Mâcon que se dirigea d'abord le pieux aumônier, et il n'eut pas de peine à comprendre les graves difficultés qu'il aurait à surmonter pour remplir son ministère.

La première, c'était l'éparpillement du bataillon disséminé sur divers points du département de Saône-et-Loire, sans poste fixe, et condamné par des ordres souvent contradictoires à un perpétuel va-et-vient. Comment établir son influence dans ces cantonnements éloignés les uns des autres et au milieu de cette jeunesse fortement travaillée par les populations les plus irréligieuses de la Bourgogne, au milieu desquelles elle se trouvait éparpillée ? N'y avait-il pas à craindre de n'être pas accepté par ces jeunes hommes qui ne le connaissaient point, et sur lesquels il n'avait aucune autorité ?

Sans se laisser effrayer par ces obstacles, l'abbé Favier multiplie ses courses et va à la recherche des diverses compagnies, annonçant à tous, aux chefs d'abord, aux soldats ensuite, le but de sa mission, et le dessein qui l'a déterminé à marcher à leur suite.

Le premier accueil fut des plus froids ; mais bientôt officiers et soldats sortent de la réserve, et se montrent touchés de voir ce prêtre de leurs montagnes, qui s'est attaché volontairement à leurs pas, par l'unique motif de leur faire du bien. Peu à peu ils prêtent l'oreille à ses discours, et finissent par se sentir vivement impressionnés par sa parole brûlante et patriotique.

Le prêtre et le soldat sont faits pour s'entendre ; entre eux que de traits de ressemblance, que de vertus communes à tous les deux ; l'obéissance passive, le dévoûment, l'esprit de sacrifice : qu'y a-t-il d'étonnant, qu'on les voie se tendre la main dès qu'ils se comprennent?

Cette action du prêtre sur les mobiles lozériens déplut aux communards du pays. Ils cherchèrent, mais en vain, à la paralyser ; leur dépit se traduisit même par une espèce d'émeute en pleine rue. Ils s'étaient portés aux abords d'une église où ces braves mobiles étaient allés entendre la sainte Messe ; ils les assaillirent, à leur sortie, de leurs clameurs et de leurs odieux quolibets. Peine inutile, on se moqua de leur colère, et une députation se rendit auprès du chef du corps, réclamant comme une faveur la visite quotidienne du bon aumônier. Nous irons à sa messe, ajoutaient-ils avec énergie, il nous prêchera, et nous saurons faire respecter nos convictions.

Irrités de leur échec, ces émeutiers qui acclamaient quelques jours plus tard avec enthousiasme Garibaldi, voulurent faire passer l'abbé Favier pour un espion prussien, et parvinrent à le faire jeter en prison sous ce prétexte. Ils lui auraient fait même un mauvais parti sans l'intervention du commandant

Bordier, qui réclama le brave aumônier. Ce même commandant écrivant, à cette époque, à sa famille, disait de l'abbé Favier : « C'est un digne homme qui se prodigue ; il a fait du bien à nos jeunes gens, qui se conduisent parfaitement. »

Les communards se voyant de nouveau battus, et s'apercevant d'ailleurs que leurs efforts ne servaient qu'à stimuler l'attachement des mobiles de la Lozère pour leur digne aumônier, finirent par le laisser tranquille.

Suivons-le maintenant, toujours en alerte, allant et revenant de Dijon à Mâcon, à Beaune, à Chagny, à Bèze, à Noiron, partout où se trouvaient disséminés ses chers enfants, marchant par des chemins souvent inconnus, et sous une pluie continue et battante.

Sans s'occuper de ses épreuves personnelles, il soulageait, exhortait, soutenait tout le monde, ne gênant l'exécution d'aucun ordre, mais se tenant toujours à la disposition de quiconque aurait eu besoin de lui. Indépendamment de ses paroles, son exemple seul relevait le moral abattu des pauvres mobiles. Nul n'osait se plaindre et nul ne songeait à reculer en voyant ce prêtre faible et âgé, qui n'était retenu par aucune loi, mais qui, volontaire de tous les instants, ne voulait pour lui que le sort réservé au dernier des soldats.

Aussi qu'il était beau de voir ces jeunes gens subir son influence, et se préparer gaîment à la mort. Pendant les marches, chacun passait un instant à l'extrémité de son rang, l'aumônier venait près de lui, et bientôt le soldat reprenait sa place heureux de l'absolution dont il était muni.

Si l'on passait une nuit dans un village, dès le

grand matin, l'église voisine était remplie de ces braves mobiles, communiant et puisant ainsi à la bonne source l'abnégation et le courage qui seuls peuvent faire des héros.

Si l'on veut savoir maintenant comment se comportaient au feu ces soldats chrétiens, il faut les considérer devant Dijon, le 28 octobre 1870, à l'heure de midi. Ils étaient arrivés le matin même de Beaune, par une pluie battante et des chemins remplis de boue ; n'ayant d'autres armes que leurs mauvais fusils, ils se trouvaient en face d'un gros de Prussiens deux fois plus nombreux et munis de canons et de mitrailleuses. Cependant, dans de telles conditions d'infériorité, les mobiles lozériens tinrent bon jusqu'à cinq heures et demie, sans lâcher d'une semelle ; ils ne cessèrent la résistance qu'en apprenant qu'elle devenait inutile, les Dijonnais ayant capitulé.

Cet acte de valeur fut prôné par le général Fauconnet et plusieurs autres chefs qui en avaient été témoins ; et le bataillon étant retourné à Lyon pour renouveler son équipement, le comité de défense de cette ville, lui vota un drapeau d'honneur pour sa noble conduite aux portes de Dijon.

Cependant les souffrances inouïes de cette première campagne avaient produit leurs désastreux résultats. A peine ces pauvres mobiles avaient-ils trouvé le repos au camp de Sathonay, qu'une affreuse épidémie de variole noire s'abattit sur eux, et fit dans leurs rangs de nombreuses victimes.

C'est alors que l'on vit redoubler la sollicitude paternelle de l'abbé Favier, et l'ardeur héroïque de son inépuisable dévoûment.

Les ambulances regorgeaient de malades, en attendant les formalités prescrites pour les faire admettre dans les hôpitaux de la ville ; le bon aumônier, non content d'être pour tous le ministre des sacrements, se faisait médecin et garde-malade, remplaçant pour chacun la famille absente, et relevant, par des paroles pleines d'espérance, les courages abattus. Aux moribonds abandonnés, il montrait le ciel, s'efforçant de bercer leur dernier sommeil et de leur adoucir les angoisses de la mort. Et si la science, devenue impuissante, passait distraite devant le grabat de quelque malheureux, c'est toujours à celui-là qu'il s'attachait de préférence.

Jour et nuit il recommençait son rude labeur, sans se lasser jamais, sans être rebuté par l'odeur ou la vue des plaies, sans redouter la mort que l'on rencontre trop souvent dans ces horribles foyers d'infection.

S'il s'en éloignait quelquefois, c'était uniquement pour aller tendre la main, et solliciter quelques ressources auprès des âmes généreuses, afin de procurer les remèdes et les soulagements nécessaires à ses chers malades.

Celui qui brave la mort sur un champ de bataille et s'immole pour la patrie, est sans doute digne d'honneur ; mais celui-là l'est bien davantage, qui se sacrifie chaque jour pour consoler le malheur et conserver à cette patrie bien-aimée ses intrépides défenseurs.

Ces rudes épreuves du bataillon lozérien se prolongèrent jusqu'à la fin de cette trop néfaste année 1870. Les premiers jours de l'année suivante lui en réservaient de non moins cruelles et de non moins douloureuses.

CHAPITRE VIII

Les mobiles de la Lozère dans l'armée de l'Est.

Nous arrivons au mois de janvier 1871, ce mois dont chaque jour apportait aux mobiles lozériens des fatigues, des privations, des souffrances et des deuils imprévus.

Quelle nouvelle carrière pour l'héroïque charité du saint aumônier ! On est tenté de se demander si son énergie ne dépassa pas, en cette occasion, ce qui paraît possible aux forces humaines.

Nos mobiles de la Lozère, incorporés à l'armée de Bourbaki, sur laquelle reposaient tant d'espérances si cruellement déçues, venaient de se mettre en marche pour la Franche-Comté, manquant de tout : sans tentes, sans couvertures, avec des habits déchirés, des chaussures en lambeaux, et presque sans nourriture ! « Je ne sache pas qu'il soit possible, humainement parlant, écrivait à sa famille un jeune officier (1), de supporter plus que n'a supporté cette malheureuse armée, durant ce cruel et long mois de janvier. Tandis que hommes et chevaux tombaient à chaque pas, de froid ou d'inanition, on passait des deux, trois ou quatre jours sans dormir, sans se mettre à l'abri et sans manger. A peine pouvait-on grignoter de rares

(1) M. Ch. de Ligonnès.

biscuits qu'on se partageait charitablement. Quelquefois on annonçait pompeusement des vivres, des cor-
vées s'organisaient, étaient envoyées au loin, et l'on
revenait la nuit au moment de partir, apportant à
manger pour moins d'un jour. Nous avons fait environ six cent kilomètres à pied, dans ces terribles
conditions. »

Les soldats du moins, grande ou petite, avaient leur
ration ; celle de l'aumônier était les pauvres restes
que lui réservaient les moins affamés. Néanmoins,
jamais il ne laissa paraître l'étendue de ses besoins.
Toute son ingénieuse activité n'avait qu'un but :
soutenir le moral des soldats devenus ses enfants, et
les encourager dans leur affreuse misère.

Des ordres subits et fréquemment modifiés don-
naient souvent à la marche du bataillon une direction
imprévue. Un moment d'absence, une heure de repos,
pouvait dépister l'homme de Dieu, et le laisser loin
de ceux auxquels il se sacrifiait. Jamais sa sollicitude
ne fut mise en défaut, jamais il ne manqua au soin de
ses mobiles.

Les officiers généraux en étaient tous étonnés ; et
plusieurs fois, ils manifestèrent leur admiration ; mais
c'était surtout à l'heure du combat qu'on le voyait se
multiplier.

Pour la seconde fois, les mobiles lozériens venaient
d'être appelés au feu, dans les environs d'Albre et
d'Arcey près Villersexel ; encore, n'y avait-il, au grand
regret des autres, que deux compagnies, la 2e et la 3e,
admises à cet honneur.

Inutile d'observer que, sur le lieu du combat, se
trouvait le digne aumônier, épiant le moment où la
discipline pourrait lui permettre d'entrer en scène.

Alors on put le voir passer le front serein et le cruci-
fix élevé devant les soldats rangés en bataille. Chacun
se découvrait, prenant sa part de l'absolution générale, et le cœur en paix, faisait son devoir ; tandis
que l'abbé Favier, calme au feu comme un vieux
troupier, restait tranquillement à côté de ceux auxquels il réservait, en ces moments solennels, les secours de son ministère.

On rapporte qu'un autre aumônier qui l'avait suivi
de près, courbait instinctivement la tête en entendant
siffler les balles et les obus. L'abbé Favier l'en reprit
vertement, en lui disant avec force : « Pas de signes
de frayeur, mon ami ; nous ne sommes pas venus ici
pour donner mauvais exemple et décourager nos
soldats. »

Il avait certes le droit d'écrire à ses amis : « Je me
tire bien d'affaire avec mes braves mobiles. Je leur ai
promis de ne jamais les abandonner dans le danger,
et je crois n'avoir pas manqué jusqu'ici à ma parole.
Toutes les fois qu'on donnait l'alarme, je gravissais,
l'un des premiers, les sommets couverts de neige,
par où l'ennemi était attendu. Dieu a veillé sur moi,
souvent dans des moments bien terribles. Que tout
soit pour sa gloire ! Quand on vit des mois entiers en
présence de la mort, on ne laisse pas de s'instruire
et de penser à Lui. »

Les mobiles se conduisirent également très-vaillam-
ment dans cette circonstance. Le commandant Mau-
roümeg, quoique avare d'éloges, répétait néanmoins
avec pleine satisfaction qu'ils avaient été admirables
d'entrain et de solidité. Vos soldats, disait de son
côté au pieux aumônier un colonel échappé au dé-
sastre de Sedan, je les admire et je les aime, mais

les nôtres..! Laissant entendre que, si la France avait été si profondément humiliée, c'était surtout parce que les armées à son service avaient cessé d'être chrétiennes.

« Nos mobiles lozériens, lisons-nous encore dans une lettre de l'abbé Favier, se préparaient au combat en hommes de foi, en hommes qui n'attendent pas uniquement leur récompense du pays pour lequel ils vont affronter la mort, mais qui portent leurs regards dans le sein de l'éternité. Ils savent qu'avant même que le monde ait prodigué l'or et les distinctions au courage heureux, le Dieu des armées a déjà couronné d'une gloire qui ne se flétrira jamais le soldat mort sur le champ d'honneur pour le salut de la patrie. »

C'est bien le cas de redire avec le général Trochu, traitant de l'honneur militaire : « Il faut aux soldats « un plus noble excitant ; il leur faut le haut sen- « timent des grands devoirs et du sacrifice ; c'est « alors que, dans leur fermeté, ils marchent digne- « ment à la mort ; et parmi eux, ceux-là seuls ont la « sérénité qui croient à une autre vie. »

Cette vérité, nos mobiles lozériens, dociles aux enseignements de leur saint aumônier, l'ont rendue palpable dans l'armée de l'Est, comme les mobiles bretons dans celle du Mans, et les zouaves de Charette sur les rives de la Loire. Malheureusement ils furent perdus et comme noyés, les uns et les autres, dans la masse d'une armée incrédule ou indifférente, et se trouvèrent en trop petit nombre pour empêcher l'humiliation et la ruine de la patrie.

Singulier rapprochement et qui ne manque pas d'à-propos : ce furent les armées chrétiennes des Luxembourg, des Catinat et des Turenne, communiant avant d'engager la bataille, qui élevèrent au plus haut degré l'honneur militaire de la France, et lui conquirent l'Alsace et la Lorraine. Ce sont des armées sans religion qui ont perdu ces deux nobles provinces, après avoir subi des humiliations comme on n'en avait jamais infligé jusque-là, à aucune autre armée, chez aucun peuple.

Revenons à notre saint aumônier, que nous avons trop longtemps oublié, et laissons à un de ses mobiles le soin de nous raconter, au nom de ses camarades, les sentiments de vénération que sa noble conduite leur avait à tous inspirée.

C'est un trait de plus ajouté à la gloire de nos aumôniers français, c'est un cri d'admiration d'un noble cœur, c'est un hommage rendu au dévoûment religieux par le dévoûment patriotique, deux dévoûments qui s'allument au même foyer.

Nous citons textuellement :

« Il est difficile d'avoir eu plus de dévoûment que « n'en a montré M. l'abbé Favier. Il était avec nous « partout, souffrant toutes les fatigues, maigrissant à « vue d'œil, s'exposant à tous les dangers, donnant « devant les rangs une absolution générale, avant « tous les engagements auxquels nous allions assister « ou prendre part.

« Quand on partait pour une expédition ou une « partie périlleuse quelconque, on le rencontrait toujours ; et, tout en cheminant deux pas avec lui, on « faisait, en quelques mots, une confession sommaire « suivie d'une absolution donnée devant tous, sans « que personne le trouvât extraordinaire.

« Avec tout cela, il a contribué plus qu'on ne le « pense à donner à tous courage, ordre et discipline.

« Le fait est que nous avons rencontré bien des ba-
« taillons, et je ne sache pas en avoir trouvé un seul,
« surtout dans la mobile, qui valût le nôtre, au point
« de vue de la valeur et de la soumission. (1)»

Ne nous lassons pas de le dire : heureuse la
France, le jour où elle verra en honneur dans ses
armées, de pareils soldats et de semblables aumôniers.

On peut lui prédire, sans crainte de se tromper,
qu'alors, mais alors seulement, elle verra se relever
son prestige et reprendra son rang à la tête des na-
tions.

(1) *Courrier de la Lozère*, 15 février 1871.

CHAPITRE IX

L'armée de l'Est arrivait trop tard pour conjurer le malheur de la France; elle allait même devenir, après de grandes souffrances et d'héroïques efforts, une des plus tristes victimes de cette guerre lamentable comme on n'en vit jamais.

Une dépêche venait d'arriver de Bordeaux, apportant à cette armée exténuée l'heureuse nouvelle d'un armistice, et donnant ordre au général Clinchant, qui venait de succéder à Bourbaki, de déposer les armes.

C'était une horrible méprise. Cette pauvre armée, on n'a trop su pourquoi, avait été placée en dehors de l'armistice par notre négociateur de Versailles, et se trouvait maintenant désarmée à la merci de l'ennemi, d'autant plus redoutable que, couvert partout ailleurs par l'armistice, il pouvait diriger de ce côté ses principales forces.

« Nous étions cernés de toutes parts, a écrit un de « nos pauvres mobiles, les troupes presque à moitié « détruites par la misère et découragées. Le général « Comaggy, après avoir exposé au général Clinchant « la situation, lui demande s'il faut combattre à ou- « trance ou prendre quelque autre parti. La résis- « tance n'est plus possible, répond celui-ci, vous ne

« pourriez, en continuant la lutte, que faire mas-
« sacrer stérilement le reste de vos hommes; dé-
« truisez donc les munitions et les canons que vous
« ne pourrez jeter au plus vite et le plus sûrement
« possible en Suisse, avec votre cavalerie et votre in-
« fanterie. »

Alors les canons sont encloués, la poudre noyée
dans la neige, et l'on voit commencer le triste défilé
d'une armée de quatre vingt-cinq mille hommes ex-
ténués, et mourant de faim et de fatigue, se préci-
pitant à travers le Jura couvert de neige, vers la
Suisse hospitalière.

Qu'on se figure maintenant ces masses portant, sur
leurs visages décharnés, l'empreinte de la souffrance
et de la mort, s'engouffrant dans tous les passages
praticables, aux Verrières, à Valorbe, dans le Val de
Joux. Ce n'était plus une armée, c'était une cohue.
Les officiers ne commandaient plus et marchaient en
sabots, en pantoufles, au milieu des soldats qui,
n'ayant plus aucune chaussure, déchiraient leurs
pans d'habits pour emmailloter leurs pieds gelés ; et
cette neige implacable qui était tombée sur eux tout
l'hiver, s'amassait maintenant sous ces pauvres pieds
meurtris, en poussière glacée, quand ils ne s'enfon-
çaient point jusqu'aux genoux.

« Dragons, lanciers, spahis, turcos, zouaves, mo-
« biles, francs-tireurs, se trouvaient confondus ; c'était
« comme un tumulte de langues et de couleurs, et
« surtout de misères; car cette multitude en fuite,
« exténuée par de rudes fatigues et de longs jeûnes,
« venait de bivaquer plusieurs nuits dans la neige,
« par quinze degrés de froid !

« Les jeunes mobiles surtout faisaient mal à voir;

« pauvres adolescents pouvant à peine porter un
« fusil, et jetés tout à coup, par un pareil hiver, dans
« de hautes montagnes !

« Nous les avons vus entrer en Suisse, dit un publi-
« ciste : ils vivaient encore, mais décharnés, tremblant
« de fièvre, les yeux enfoncés et ternes ; ils mar-
« chaient encore d'un mouvement machinal sans
« savoir où ils allaient ; ils regardaient, mais, sans
« voir ; ils se laissaient abattre par l'ennemi qui de
« loin, par derrière, jusqu'à la dernière heure, sans
« un éclair de pitié, tirait sur eux ; les obus partant
« de batteries invisibles, passaient par dessus la
« montagne et venaient éclater sur la route.

« Ainsi défilait cette lugubre procession de corps
« inertes, avec la stupeur et l'égoïsme du désespoir,
« abandonnant leurs morts, leurs mourants, s'aban-
« donnant eux-mêmes, refusant parfois la vie que
« vous veniez leur rendre, vous disant, si vous leur
« tendiez une gourde : « Laissez-moi tranquille. —
« Mais que voulez-vous donc ? — Je veux mourir. »

Un homme intrépide circulait parmi cette longue
traînée de malheureux, et cet homme était un prêtre ;
on l'a déjà nommé : l'abbé Favier. Tantôt, il encou-
rageait l'avant-garde ; tantôt, il pressait ceux dont la
fatigue, le désespoir ou la maladie retardait la marche. Combien n'en a-t-il pas sauvés en leur prêtant
le secours de son bras. On cite bien des faits touchants, admirables, qui contrastent noblement avec
les misères de cette trop lamentable retraite.

Le froid était intense : un sergent-major, ne pouvant plus se soutenir, tombe sur le bord du chemin ;
il se couche pour mourir. Le bon aumônier arrive,
l'excite de la voix, le pousse ; hélas ! le froid avait déjà

engourdi tous les membres du pauvre jeune homme ;
il ne peut se mouvoir, à peine son œil mourant peut-
il voir encore son ami. Que faire en cette extrémité ?
Le prêtre n'hésite pas, il se courbe, charge sur ses
épaules cette masse inerte, l'emporte et parcourt,
ainsi chargé, une longue route, jusqu'à ce qu'il
puisse déposer son précieux fardeau dans une demeure où l'on donne à cet infortuné les soins nécessaires pour le rappeler à la vie. Le sergent était
sauvé ; il vit encore, et je doute qu'il puisse retenir
ses larmes quand il lira ces lignes consacrées au souvenir de celui qui fut son sauveur.

Laissons de nouveau la parole à un témoin ocu-
laire, qui a bien voulu se rendre l'interprète des sentiments d'admiration et de reconnaissance de tous
pour l'infatigable aumônier :

« Il n'y a qu'une voix parmi tous mes camarades
pour louer le bon et digne abbé Favier. On ne saurait trop parler des vertus de cet excellent ecclésiastique. Son dévoûment pour chacun de nous est sans
bornes ; mais il s'est surtout manifesté dans notre
retraite en Suisse. On sait combien elle a été pénible.
Un grand nombre d'entre nous, épuisés de fatigue,
et, il faut bien le dire, hélas ! mourant de faim, restèrent en route. Nous sommes habitués au froid ;
mais, dans l'état où nous étions, nous devions succomber à ses atteintes dans les montagnes élevées
que nous avions à traverser. Plusieurs, en effet, ont
péri de cette manière. Notre cher aumônier ne nous
a pas quittés un instant. Il soutenait par ses exhortations notre courage prêt à défaillir ; il nous recevait dans ses bras quand nous tombions ; et, quand le

besoin se faisait sentir, il nous chargeait sur son dos et nous portait sur ses épaules (1).

« De pareils traits méritent d'être connus, et répondent victorieusement aux odieuses calomnies qui circulent dans les clubs et dans la presse antireligieuse. » (*Ibid.*)

Après cette retraite, qui rappelait si cruellement, à un demi-siècle de distance, les désastres de la Bérézina, les mobiles lozériens avaient conservé la moitié de leurs hommes, tandis que ceux de Pau et de quelques autres contrées du Midi, se trouvaient réduits au cinquième de leur effectif. Ne pourrait-on pas attribuer ce résultat, du moins en partie, à l'énergie de l'abbé Favier et au soin qu'il prenait de relever le moral et le courage de ses soldats?

Maintenant que ses chers enfants ont trouvé un refuge dans la terre hospitalière de Suisse, le généreux aumônier a oublié ses souffrances; du moins on ne voit pas qu'il en soit question dans ses lettres; c'est toujours par d'autres que nous en avons appris le détail. Il ne s'est souvenu que des services rendus à ses mobiles, se complaisant à les raconter au long, comme un tribut de sa reconnaissance envers ceux qui les ont secourus :

« Le premier village, écrivait-il, qui nous a reçus s'appelait Matou. A peine les sons du tambour eurent-ils annoncé notre arrivée en ce lieu que tous les feux se rallumèrent. Il était dix heures du soir. Nos Lozériens, qui avaient été de grand'garde la nuit précédente, les pieds dans la neige jusqu'à six heures du matin, qui l'avaient foulée tout le jour et avaient

(1) *Courrier de la Loz.*, 2 mars 1871.

stationné trois mortelles heures, sac au dos, exposés à un froid très-rigoureux devant Orbe, peuvent enfin s'asseoir devant un bon feu. On leur sert un repas copieux; ils ont du vin pour se désaltérer, un bon lit pour se reposer, tandis que plusieurs membres de la famille qui leur donne l'hospitalité n'auront pour dormir qu'une chaise de bois. Le lendemain, au point du jour, une voix amie les éveillera, en leur disant : Voici du café, et reposez encore jusqu'à ce qu'un déjeuner plus confortable soit prêt. Pauvres enfants, vous étiez si fatigués ! »

Mêmes manifestations sympatiques à Estevayer, à Romont, à Bulle, à Châtel-Saint-Denis, où furent installés les mobiles de la Lozère. Dans toutes ces villes, ils furent accueillis comme des frères. Les écoles se vidèrent pour les loger; leurs chaussures, leurs vêtements furent réparés; le linge du corps renouvelé ou blanchi, tandis qu'on leur procurait, avec une nourriture abondante, tous les soulagements que réclamait le triste état où ils se trouvaient réduits après tant de privations et de fatigues.

Ajoutons que nos mobiles lozériens se montrèrent dignes de cet acceuil bienveillant, et se distinguèrent entre tous les autres réfugiés, par leur bonne tenue et la régularité de leur conduite. Un journal de Fribourg leur rend, à ce sujet, un hommage que nous sommes heureux de reproduire :

« Une compagnie des mobiles du département de la Lozère est internée à Châtel-Saint-Denis. Elle y est arrivée accompagnée de ses officiers; et, chose rare, elle leur témoigne du respect. On nous dit que la population a accueilli ces soldats avec une sympathie dont ils se montrent dignes par leur bonne conduite. »

Ne peut-on pas reconnaître encore ici la sainte influence du bon aumônier ? Quant à celui-ci, heureux des soins charitables qu'on prodigue à ses chers mobiles, après avoir assisté à leur installation et les avoir mis en relation avec les bons pères Franciscains établis dans le pays, il les confie à ces religieux, et dirige ses pas vers la frontière française.

Il eût pu la repasser sans obstacle, et aller, dans une des communautés voisines qui l'avaient si bien accueilli, se reposer des fatigues d'un si pénible voyage. Mais non : ce n'est pas pour cela qu'il a quitté ses enfants. Il sait qu'un certain nombre est demeuré en route, dans ces cantons protestants qu'ils viennent de traverser. Là, chaque abri, presque chaque maison contient un Français à moitié mort d'inanition : tombé en chemin et ne pouvant faire un pas de plus, le pauvre malheureux s'est réfugié dans le premier asile venu, et là il meurt entouré de visages inconnus, et privé des suprêmes secours du prêtre catholique.

L'abbé Favier a vu, en passant, ces tristes épaves laissées par notre armée, dans sa retraite précipitée. Il veut consoler, secourir et sauver ces pauvres désespérés. Il fouille en tout sens le pays pour aller à leur recherche ; ses journées se passent à les consoler et à les assister de toutes manières ; et sa tâche finie auprès des uns, il s'achemine à la recherche des autres. Nuit et jour il est sur pied. Du repos, il n'en veut pas ; il aura bien le temps de le prendre, comme on disait aux Choisinets, durant l'éternité. Souvent s'étant aventuré en pleine obscurité, dans ces mon-

tagnes inconnues, il lui arriva de se trouver, au lever
du jour, loin du but où il se rendait, sur le bord
d'un lac où à l'entrée de quelque village écarté, où
la divine Providence le dirigeait à son insu pour le
salut de quelque moribond égaré dans ces lieux,

L'accès des malades n'était pas toujours facile ; et
l'on rapporte qu'un jour, s'étant présenté à la porte
d'une maison où se trouvait un de ces pauvres malheureux, entre les mains de fanatiques protestants,
il s'en vit refuser brutalement l'entrée. Il insiste. —
Que voulez-vous ? lui dit-on. — Voir et consoler mon
compatriote. — C'est impossible, il est à la dernière
extrémité ; votre vue le troublerait et vos exhortations
ne pourraient que lui faire mal. — Vous vous trompez,
ma vue au contraire lui fera le plus grand bien ; d'ailleurs nous, catholiques, nous préférons le salut éternel de l'âme à la vie passagère du corps ; je lui dois
les secours de ma religion, et il faut que j'entre. Et
forçant la consigne, il pénètre auprès du mourant,
lui ouvre l'entrée du ciel et va porter ailleurs son
zèle et son ardente charité.

Cette attitude énergique et cet excès de dévoûment
avaient fini par lui concilier l'estime publique ; et
l'on rapporte qu'un pasteur d'Orbe, qui l'avait d'abord
accueilli avec dedain, quand il était allé lui demander la permission de consulter son registre mor-
tuaire, finit par le traiter en ami et lui accorder la
plus cordiale hospitalité.

Ces sympathies universelles, il les mettait à con-
tribution en faveur de ses pauvres malades, allant
de porte en porte, et tendant la main pour leur procurer les médicaments et les autres soulagements
que pouvait réclamer leur triste état. Une assurance

bien consolante qu'il a pu donner aux parents de tous
les pauvres infortunés Lozériens qui ont péri dans ces
trop tristes circonstances, c'est qu'aucun n'a manqué
de soins et qu'aucun n'est mort sans recevoir les
derniers sacrements.

Merci ! saint ministre de Jésus-Christ, les familles
de ces pauvres malheureux que vous avez ainsi
secourus, versent des larmes et des prières sur votre
tombe, en déplorant votre fin prématurée ; et ces
généreux jeunes gens, que vous avez conduits en
paradis, seront venus à votre rencontre, réclamant
la joie qui leur revient à tant de titres, d'être votre
escorte d'honneur dans les tabernacles éternels.

La paix est signée, les troupes vont enfin revoir le
sol français ; l'abbé Favier ne se sépare pas pour
cela de ses enfants : c'est à côté d'eux qu'il veut ren-
trer au pays, les suivant d'étape en étape, bivoua-
ouant avec eux, et trouvant, malgré tant de deuils, le
moyens de les égayer par quelques bonnes paroles.
Il ne les quitte qu'à l'entrée de leur cher Gévaudan.
Alors seulement, il se dérobe à leur reconnaissance,
et va consacrer son repos et le reste de sa vie au
nouveau poste de dévoûment que lui a désigné son
vénérable évêque.

CHAPITRE X

La décoration de la Légion d'honneur.

Quelques mois après la paix signée, les mobiles lozériens échappés aux désastres de cette trop fatale campagne, étaient rentrés dans leurs familles, et leur zélé aumônier occupait l'importante cure d'Auroux, où l'avait appelé la confiance de son évêque.

Or, un jour de dimanche, 4 août, le village était en grande liesse, des arcs de triomphe se trouvaient dressés à toutes les avenues, le plus beau s'élevait devant la porte du presbytère : la joie se lisait sur toutes les figures, et les paroisses voisines, étaient venues ajouter, par leur présence, à l'éclat de la solennité.

Les gardes mobiles surtout, en grand nombre, figuraient au premier rang : ils étaient heureux et faisaient éclater leur joie. On eût dit qu'ils allaient être tous décorés en la personne de leur saint aumônier.

Il s'agissait en effet de donner solennellement la croix au digne prêtre qui venait d'être nommé chevallier de la Légion d'honneur. Monseigneur l'évêque avait gracieusement cédé à M. le comte de Rochefort, préfet du département, l'honneur de présider à cette cérémonie.

Elle commença par la sainte messe, célébrée par le digne aumônier, en présence d'une foule compacte et pieusement recueillie, M. le préfet au banc-d'œuvre, et les mobiles en armes, formant le piquet d'honneur des deux côtés de l'autel.

Après s'être incliné devant le Dieu des armées, on se rendit à l'estrade préparée au pied de la croix, sur la place du village. Nous sommes heureux de pouvoir reproduire le discours ému et bien senti que prononça alors le premier magistrat du département :

« Messieurs,

« Tout récemment, un décret du Président de la République décernait la décoration de la légion d'honneur à une Dame française qui, s'estimant impuissante chez elle, au milieu des malheurs de la patrie, alla sur le territoire belge, non loin du théâtre de la guerre, fonder des ambulances où elle consacra sa fortune, son intelligence et son temps...

« Aujourd'hui, j'ai à vous entretenir d'un prêtre qui, voyant partir ses ouailles pour cette fatale guerre, voulut les suivre sur les champs de bataille.

« Il avait déjà reçu le prix Monthyon, c'est-à-dire une des récompenses qui suffisent à l'ennoblissement de la vie d'un homme. Mais il n'était pas de sa nature généreuse de laisser ses enfants s'éloigner seuls du pays. Au milieu d'eux, il affronterait les mêmes dangers, subirait les mêmes privations, et prierait pour eux mieux encore et plus efficacement. Les familles, de leur côté, seraient consolées et rassurées par ce pieux patronage. Il obtint de l'autorité ecclésiastique d'être aumônier du 87e régiment des gardes mobiles de la Lozère.

« Le froid, la neige, les difficultés de toute nature ne parvinrent pas à refroidir le zèle de l'aumônier. Par une nuit glacée, il releva gisant sur la neige, et presque mourant de froid, un des enfants de notre Lozère auquel il sauva la vie en exposant la sienne.

« A Lyon, à Genève, à Lausanne, l'aumônier allait de porte en porte, tendant la main à la pitié, pour procurer des médicaments à ses pauvres malades.

« Ce Prêtre, Messieurs, c'est l'abbé Favier, votre digne curé. Il a marqué chaque heure da sa campagne de l'Est, par une bonne action, par un acte de dévoûment, cachant sa belle et noble conduite comme d'autres cacheraient leurs méfaits.

« Après la campagne, il vous a ramené vos enfants. Il pourrait se reposer; mais son courage ne calcule jamais avec ses forces, et le voilà maintenant devenu l'artisan d'une église que vous voulez digne de votre piété.

« Messieurs, la femme ne saurait avoir de plus belle décoration que sa modestie, et le prêtre que son humilité, car l'une et l'autre s'imposent au respect de tous; mais il est des circonstances où, de ces vies de dévoûment, se détachent des faits d'une telle grandeur, qu'ils commandent une dérogation à l'usage.

« Alors ce n'est pas la décoration qui vient relever l'éclat d'une belle action; elle vient au contraire y puiser un nouveau lustre, et se faire désirer davantage de ceux qui ont la secrète pensée de la mériter.

« Heureux le gouvernement qui en use ainsi avec

4.

le stimulant de l'honneur! En recherchant les dévoûments qui se cachent, il ne fait point de jaloux,
et excite chez tous la plus noble émulation.

« Monsieur le Curé, je ne fatiguerai pas plus longtemps l'humilité qui s'attache à votre caractère. Re-
cevez et portez ces insignes que vous méritez si bien,
et qui reflèteront sur votre poitrine l'éclat de vos
vertus.

« Au nom du Président de la République et en
vertu des pouvoirs qui me sont conférés, je vous
reçois et vous proclame chevalier de la Légion-
d'honneur. »

Et M, le Préfet s'approchant, du récipiendaire, lui
donne l'accolade aux acclamations de la foule profondément émue.

L'abbé Favier, répondant à M. le Préfet, le remer-
cie avec effusion et d'une voix entrecoupée de larmes;
mais, détournant aussitôt les esprits de cet houneur
qui lui est fait et qu'il a si noblement conquis, il
montre à ses ouailles le ciel, et les entretient de cette
loire et de ces couronnes bien préférables que Dieu
nous tient en réserve pour récompenser nos efforts
et nos sacrifices.

En se prêtant à une pareille fête, l'abbé Favier
avait un but ; et il ne s'était soumis à ces manifestations bruyantes dont sa modestie avait tant à souffrir
que pour disposer les esprits et préparer les voies à
la reconstruction de son église paroissiale.

M. le Préfet visita, en effet, avant de partir, l'emplacement déjà choisi, et M. l'architecte qui l'avait
accompagné reçut ordre de préparer les plans et les
devis du futur édifice.

Toutefois, avant de raconter cette nouvelle merveille de l'abbé Favier, nous avons besoin de revenir sur nos pas et de le voir à l'œuvre, remplissant avec son zèle et son dévoûment accoutumés son office de curé d'une grande paroisse rurale.

CHAPITRE XI

Le curé d'Auroux.

L'abbé Favier était donc curé d'Auroux, et sa paroisse, l'une des succursales les plus importantes du diocése, était aussi la plus redoutée à raison de l'église à bâtir, et de la pénurie de ressources dans ce pauvre pays, pour une si grande entreprise.

Bien des courages en avaient été effrayés ; et, s'il faut en croire des bruits qui ne paraissent pas dénués de fondement, huit prêtres s'étaient excusés, ne se sentant pas la force d'aborder une si rude tâche.

« C'est alors, dit un pieux enfant de cette paroisse, que Dieu suscita un de ces hommes extraordinaires qui apparaissent dans l'Eglisc comme une incarnation vivante du dévoûment et du sacrifice, et il le prit sur la terre étrangère où ce dévoûment l'avait jeté.

Assurément, pour l'abbé Favier, la cure d'Auroux n'était pas une récompense. Un homme dont la vie comptait tant et de si extraordinaires travaux, avait, ce semble, quelque droit au repos. L'observation en fut faite dans le conseil de Monseigneur. Tous connaissaient son abnégation ; on savait d'ailleurs le peu de cas qu'il faisait des considérations d'avenir, n'en ayant jamais eu d'autre en vue que le Ciel. Néanmoins, on ne se sentait pas le courage de lui faire une pareille proposition. Mais Dieu a ses desseins bien différents de ceux des hommes ; et Dieu avait décreté, dans son inépuisable miséricorde, que l'abbé Favier serait le constructeur de l'église d'Auroux, et qu'il donnerait à cette œuvre importante, les derniers efforts, la suprême énergie d'une vie si bien remplie.

La nouvelle de sa nomination lui arriva en Suisse, au milieu de ses pauvres mobiles presque tous mourants ou malades. Il ne pouvait les abandonner en ce triste état, il demanda du temps.

Mais en rentrant à leur suite, il n'a rien de plu pressé que de se présenter à son Évêque ; et comme Sa Grandeur prenait ses précautions pour le sonder à propos d'Auroux, il prévint le prélat, dont les désirs pour lui étaient des ordres, et accepta le poste. Le jour même, il se mit en route sans aller saluer ses amis impatients de le revoir après une si longue absence, et revêtu de son pauvre costume de voyage, arriva au déclin du jour dans sa paroisse. La nouvelle s'en étant répandue dans le village, Messieurs les vicaires allèrent à sa recherche, et le trouvèrent, fondant en larmes et humblement prosterné aux pieds des saints Autels. A ses côtés étaient son bréviaire et deux chapeaux formant tout son bagage. Il n'avait pas pensé d'abord à la difficulté de se procurer un mobilier, et il se fut trouvé dans un étrange embarras à ce sujet, sans la pieuse intervention des âmes charitables. Tous les pauvres de la contrée bénissent la personne bienfaisante qui lui fit offrir la couche sur laquelle, trois ans plus tard, il rendait à Dieu sa belle âme ; comme ceux de la Normandie bénissent cette autre bienfaitrice non moins généreuse, qui, après d'avoir tiré à diverses reprises de bien cruelles situations, mit le comble à ses bienfaits, en lui procurant tous les objets nécessaires à son modeste ménage. Sur la terre, ces âmes d'élite ont eu une large part à ses prières ; il n'est pas douteux qu'il ne soit allé les continuer au ciel, en témoignage de sa reconnaissance.

On attribue à M. Bourdoise une sentence bien propre à faire réfléchir ceux qui se trouvent sous le poids de la charge pastorale. Comme on discutait en sa présence le revenu de diverses cures, *une cure*, répliqua-t-il avec énergie, *vaut le ciel ou l'enfer*. C'était aussi la pensée du nouveau curé d'Auroux, et l principal mobile qui va le diriger dans son administration.

Ici, comme aux Choisinets, comme à Langogne, nous trouvons les longues veilles et le sommeil interrompu de bonne heure, pour vaquer à la prière et à l'étude. Chaque matin avant quatre heures, il était sur pied. Sa première action était l'oraison suivie de la récitation des heures canoniales, et de la préparation à la sainte messe. Personne ne se doutait dans Auroux qu'il eût quitté sa dure couche, et déjà il avait donné une heure et demie à la prière. L'Angelus tardait-il à sonner, ou bien se voyait-il obligé, par les besoins de la paroisse, de différer la célébration du saint Sacrifice, l'intervalle était consacré à diverses études, parmi lesquelles se trouvèrent toujours au premier rang les matières ecclésiastiques. Il ne manqua pas un seul jour par sa faute de monter au saint Autel, et c'est toujours avec une ferveur angélique qu'il célébra nos saints Mystères. Il avait une prédilection toute particulière pour le saint Rosaire, qu'il récitait fréquemment quand ses travaux pouvaient le lui permettre, tenant les journées entières d'une main les rênes des attelages, et égrenant de l'autre les perles de son chapelet. Il faisait aussi très-fréquemment son chemin de la croix ; et la nuit n'arrivait jamais sans qu'il eût fait une visite, longue ou courte, selon les occurences, au très-saint Sacrement.

Si nous l'étudions maintenant dans ses relations avec sa paroisse, nous voyons la même exactitude, le même zèle, la même piété.

Il s'efforce d'abord de gagner la confiance de ses vicaires déjà anciens, et travaille de concert avec eux à la culture de la portion de la vigne du Seigneur qui a été confiée à sa sollicitude. Loin de se tenir en garde contre l'influence qu'ils pouvaient avoir acquise, il cherchait à l'utiliser pour le bien de la paroisse, et se montra toujours, envers eux, plein de ces égards et de cette déférence qui lui acquirent de bonne heure leur inviolable attachement. Comme on voulait le séparer du plus ancien, et que celui-ci éprouvait quelque chagrin à s'éloigner d'un chef si bienveillant, il obtint des supérieurs qu'il fût maintenu dans sa position auprès de lui.

Le bon curé consultait ses vicaires sur les usages en vigueur, sur l'esprit qui régnait dans la paroisse, et les mesures à prendre quand il se trouvait quelque abus à réprimer. Il cherchait d'ailleurs toutes les occasions de leur être utile ou agréable, et d'édifier le pays par le spectacle touchant de la bonne harmonie qui régnait entre eux.

Nous avons remarqué, à diverses reprises, la tendre sollicitude de l'abbé Favier pour la jeunesse et l'enfance chrétienne, qui fut toujours l'objet de ses soins les plus affectueux ; on ne sera donc pas étonné de la bonté paternelle qu'il témoigna aux enfants de sa paroisse. Ses délices étaient d'être au milieu d'eux, et ceux-ci trouvaient un charme inexprimable à apprendre de sa bouche les douceurs de la loi divine. Rien n'était négligé dans ses catéchismes pour donner de l'attrait à l'enseignement de la doctrine chrétienne, stimuler le zèle des enfants, les former à la piété, leur faire aimer la vertu. La mansuétude, l'affabilité, la douce gaîté présidaient à ces saints exercices. Des comparaisons heureusement choisies, des histoires édifiantes ôtaient à l'instruction sa sécheresse et y apportaient une agréable variété. Les récompenses étaient décernées à la science et à la piété ; et les cérémonies de la première communion, de la rénovation des promesses baptismales, de la consécration à Marie, faites avec grande pompe, en frappant l'imagination des néophytes, produisaient sur leurs jeunes cœurs une impression profonde et durable.

S'il s'adressait aux adultes, oubliant ses grands sermons de missionnaire, il s'appliquait à leur faire des instructions courtes, simples, persuasives, pratiques, et surtout à la portée des plus faibles intelligences. Il avait un talent tout particulier pour présenter sous l'aspect le plus doux les préceptes de la morale évangélique. Sans rien retrancher de leur juste sévérité, il savait rendre aimables les lois divines, aussi bien que les prescriptions de la sainte Église, et il entraînait ainsi les âmes dans les voies du salut.

Un bon curé des derniers temps, devenu l'un des

plus illustres princes de l'église, expliquait ainsi sa conduite au saint tribunal de la pénitence : « N'éteignons pas la mèche qui fume encore. On est souvent bien embarrassé entre des principes sévères et la crainte de voir disparaître le peu de religion extérieure qui règne parmi nos populations si travaillées. L'essentiel est de ne pas trop se préoccuper; plus encore de ne point se passionner, de discerner la règle d'avec les opinions et de se laisser aller à la conduite de Dieu. J'ai beaucoup de penchant à la miséricorde; je n'ose pas dire que je fais mieux ; mais je n'agis pas contre ma conscience. »

Le curé d'Auroux partageait ces sentiments; et difficilement on pourrait décrire d'une manière plus exacte sa ligne de conduite à l'égard des pauvres pécheurs.

Cette tendre charité du bon pasteur n'était pas seulement réservée pour le saint tribunal, elle se répandait au dehors, par mille moyens, comme le trop plein qui débordait de son âme. Dieu seul connaît les abondantes aumônes qu'il a toujours trouvé moyen, à force de privations, de prélever sur ses petites épargnes, et cette autre aumône des bons services, souvent plus difficile, et qu'il mettait avec tant d'abandon à la disposition de tous ceux qui pouvaient en avoir besoin. Que de démarches n'a-t-il pas faites et combien de fois n'a-t-il pas employé son crédit pour procurer du travail aux ouvriers, chercher de bons maîtres aux domestiques, et aux maîtres de bons serviteurs !

Doux, poli, affectueux envers tout le monde, il se faisait tout à tous, pour les gagner tous à Jésus-Christ. Aussi a-t-on vu les grands et les petits; la femme de l'artisan et la riche châtelaine, lui témoigner la même estime, la même vénération et le même respectueux attachement.

Un dernier éloge qu'on a fait de lui, et qui est bien extraordinaire quand on connaît les grands travaux qu'il avait entrepris, et les nombreux voyages que nécessitaient les œuvres importantes auxquelles il prêta son concours, c'est que pas un malade ne manqua de consolations à son dernier moment, et pas un pénitent n'eut à se plaindre de l'avoir vainement attendu à la porte du saint tribunal.

Ayant entrepris un voyage à Paris dans l'intérêt d'une paroisse voisine, pour que ses paroissiens n'eussent pas à souffrir de son absence, il n'y séjourna que quelques heures, et revint après avoir passé cinq nuits consécutives sans prendre de repos, renonçant au plaisir bien légitime de visiter la capitale. Souvent il voyageait la nuit, sans se laisser arrêter par les mauvais chemins ou le gros temps si ordinaires dans nos montagnes.

Le plus grand reproche qu'il aura reçu au tribunal du souverain Juge, aura été sans doute ce trop grand mépris et ce peu de souci qu'il a toujours professés pour son pauvre corps.

Il nous reste à parler de sa dernière œuvre, celle qui devait noblement couronner toutes les autres : la construction de son église.

CHAPITRE XII

Auroux possédait une église antique, mais humide, malsaine et insuffisante pour sa population. Depuis longtemps, la nécessité d'en bâtir une nouvelle se faisait sentir. Le premier Pasteur du diocèse ne cessait depuis longtemps, dans ses lettres, et dans ses exhortations à l'époque de ses visites pastorales, de pousser à cette bonne œuvre ; une fois même, il menaça de fulminer l'interdit ; et ce ne fut que devant de bonnes promesses qu'il renonça à cette mesure sévère.

Certes, les bonnes dispositions des paroissiens n'étaient point douteuses ; elles étaient ce qu'elles sont toujours pour ces sortes de projets, dans nos populations si pleines de foi, c'est-à-dire des plus favorables à l'entreprise. Mais, à part deux ou trois nobles familles, dont on pouvait espérer le généreux concours, toute cette population sé trouvait dans une grande pénurie, et de plus fatiguée par un surcroît d'impôts, suite inévitable de nos funestes guerres, aggravée encore par une déplorable série de mauvaises récoltes.

De pareilles considérations ne pouvaient arrêter l'abbé Favier, accoutumé à beaucoup compter sur l'assistance de la divine Providence, qui, jusque là, ne lui avait jamais manqué. Il mit donc la main à l'œuvre avec des ressources minimes, et entreprit la construction d'nn vaste édifice qui, par ses dimensions et l'élégance de sa forme, pourrait rivaliser avec un certain nombre de nos cathédrales.

Or ce qu'il faut d'énergie et de courage pour de pareilles entreprises dans nos pauvres pays, on ne saurait le comprendre quand on n'en a point fait soi-même la rude expérience.

Ce sont d'abord des luttes acharnées contre la routine, qui s'accommoderait facilement des anciens édifices ; des tiraillements sans fin et des intérêts particuliers froissés, quand il s'agit de choisir un emplacement plus convenable ou plus commode. Ajoutons les plaintes des contribuables, trop souvent dans l'embarras lorsqu'il faut avancer le faible subside indispensable. Je passe sous silence les critiques plus ou moins extravagantes de tous les maîtres maçons au petit pied, qui s'érigent en docteurs dans nos campagnes dès qu'il s'agit d'un travail communal ; je ne parlerai pas non plus des froissements journaliers dont les promoteurs de ces sortes de travaux ont naturellement à souffrir lorsque, parmi les commerçants de la localité, il se trouve quelque fournisseur à son avis un peu trop négligé.

Ces difficultés inhérentes à toutes les constructions de presbytères ou d'églises, ne sont encore rien si on les compare à celles qu'il faut accepter lorsque le curé, à défaut de soumissionnaire, se voit condamné à prendre la direction de l'entreprise.

Certes, je ne voudrais pas mal parler des ouvriers : ils sont bien dignes d'intérêt, et un prêtre ne saurait oublier que c'est dans une de leurs familles qu'a voulu vivre notre divin Sauveur. Mais, dans leur bonne franchise, ils avoueront eux-mêmes qu'ils occasionnent bien des ennuis à ceux qui les occupent.

Observons d'abord que, fort exigeants pour le salaire, ils sont très-peu soucieux, si on ne les poursuit d'une surveillance sans relâche, du bon emploi du temps. Si parfois ils gâtent leur ouvrage, il faut bien se garder de les reprendre ; on serait mal reçu. Souvent ils passeront deux ou trois jours à faire l'orgie tandis que le travail presse le plus ; et s'ils s'aperçoivent qu'on ait un besoin plus urgent de leur concours, c'est alors surtout qu'ils vous abandonnent.

L'abbé Favier a supporté, durant deux longues années, tous ces ennuis ; il a de plus manié la pioche et conduit le tombereau, non par intervalles, mais d'une manière continue : comme les ressources faisaient défaut, il voulait y suppléer et trouver, à force d'abnégation et de fatigues, le moyen de mener l'entreprise à bonne fin. Il s'était chargé de nourrir les ouvriers : pour cette dépense qui a été évaluée à plus de douze mille francs, il lui a fallu y pourvoir lui-même par les quêtes qu'il faisait régulièrement, deux fois par semaine, dans les villages de la paroisse. On comprend aisément les refus injurieux, et même les cruels déboires qu'il eut à essuyer bien souvent.

Je ne voudrais pas renouveler les bruits qui circulèrent à ce sujet dans le diocèse, ni relever des outrages depuis longtemps oubliés ; il faut néanmoins raconter, pour la consolation de ceux qui se trouvent engagés dans de semblables tracas, qu'un si saint homme eut ses adversaires, et qu'il rencontra des ennemis acharnés qui, jusque dans ses derniers moments, ont abreuvé de fiel son âme sensible. Que je suis malheureux ! disait-il sur son lit d'agonie ; il me semble que je leur ai pardonné de tout cœur ; comment se fait-il que j'aie tant de peine encore à me défendre de tout sentiment d'amertume ?

Un semblable travail, joint aux occupations d'un laborieux ministère, qu'il ne négligea jamais, aurait usé la santé la plus robuste. La sienne dépérissait à vue d'œil. Ses amis s'en étaient aperçus, et avaient pris soin de l'en prévenir. Je crois que vous avez fait un pacte avec le bon Dieu, lui disait l'Assistant des Frères des écoles chrétiennes qui était allé prendre ses conseils sur les affaires de l'Institut dans le diocèse ; vous croyez qu'il vous donnera le temps de compléter votre Église : puisse-t-il en être ainsi ; car il faut bien vous garder de laisser à quelque autre le soin de l'achever. Ce que vous faites là, lui disait de son côté l'un des médecins du pays, finira mal ; un de ces quatre matins, vous allez être pris d'une fluxion de poitrine et je vous annonce que vous n'en échapperez pas. Il sentait lui-même ses forces l'abandonner ; et dans son dernier voyage à Mende, il voulut régler tous ses petits comptes à l'évêché, dans la crainte, disait-il, d'être surpris par la mort.

Le travail néanmoins était toujours poursuivi avec la même ardeur et la même énergie. On eût dit que, sentant le jour baisser, il se hâtait d'accomplir sa tâche ; la semaine qui précéda sa mort, fut une des plus laborieuses. Il avait pu déjà s'occuper de la toiture de son église ; et comme ses paroissiens s'étaient montrés très-généreux pour lui fournir la charpente, il voulut, le dimanche à la grand'messe, leur en faire ses remerciements. Depuis assez longtemps on n'avait point remarqué dans ses allocutions autant d'abondance et de chaleur. Hélas ! c'etait les dernières lueurs d'une lampe qui va s'éteindre ; car le lendemain il était étendu sur son lit, pour ne plus se relever jamais.

Il a vu les ressources amassées, les difficultés aplanies, les matériaux préparés, les ouvriers à l'œuvre, l'édifice monter et offrir déjà aux regards étonnés ses admirables proportions ; puis comme s'il n'avait plus rien à faire dans sa paroisse bien-aimée, ayant épuisé la coupe de la souffrance et du sacrifice, alors qu'il ne lui restait plus qu'à savourer la joie du triomphe, il a été appelé dans la demeure de l'éternel repos.

CHAPITRE XIII

Mort édifiante de l'abbé Favier. — On se dispute ses dépouilles mortelles. — Grande vénération que lui témoignent les populations.

Dès qu'il se vit atteint par la maladie, il comprit le danger et se prépara à mourir. Son premier soin fut de solliciter les derniers sacrements, qu'il reçut avec un redoublement de ferveur. Il voulut faire ses adieux à ses chers paroissiens et leur donner ses suprêmes recommandations ; mais l'émotion ou la faiblesse avaient paralysé sa langue ; les plus rapprochés des assistants eurent de la peine à comprendre ce qu'il leur disait. Il fixa alors son regard sur l'image de son Dieu ; et au mouvement rapide de ses lèvres, on pouvait juger de l'ardeur de sa prière. Sa résignation était admirable, et il ne laissa jamais échapper une plainte au milieu de ses souffrances. Le désir qu'on avait de ne pas perdre un si bon pasteur, avait fait concevoir, durant les premiers jours, l'espoir de le conserver. Hélas ! ce n'était qu'une illusion, et il entra en agonie au moment où on le croyait hors de danger. Le lendemain, à la pointe du jour, la paroisse désolée apprenait que son bon pasteur avait cessé de vivre. Il mourut le 13 juin, fête de son patron, et jour anniversaire de son ordination.

Les sanglots qui s'échappèrent de toutes les poitrines,

prouvaient la grande affection qu'il avait conquise en si peu de temps, et l'étendue des regrets que laissait sa mort. La nouvelle qui s'en répandit, comme un éclair, jeta la désolation dans tout le pays. Les yeux pleins de larmes, au souvenir de celui qui disparaissait, on se demandait avec angoisse qui pourrait remplacer un tel homme, et remplir un si grand vide. Grâce à Dieu, la divine Providence y a pourvu ; et l'excellent choix fait par Monseigneur l'évêque a été considéré comme le premier effet de la puissante intercession de celui que l'on pleurait.

On voyait dans les siècles reculés de l'Église, au décès des personnages qui s'étaient distingués par une grande sainteté, les peuples se disputer leurs restes vénérés, et attacher un grand prix à la possession de leur dépouille mortelle et des objets à leur usage. Il se passa quelque chose de semblable à la mort du bon abbé Favier. On se disputa d'abord ses cheveux et ses habits, qui furent littéralement mis en lambeaux ; chacun voulant avoir sa relique.

Les assistants eurent bien de la peine, ensuite, à contenter tous ceux qui tenaient à faire toucher à ses restes vénérables quelques objets pieux. Mais la grande lutte fut pour son corps lui-même. La paroisse d'Auroux tenait à garder la dépouille mortelle de son pasteur ; les Frères et les orphelins des Choisinets la réclamaient de leur côté comme leur propriété ; et forts de l'autorisation de la famille, ils auraient poussé leurs exigences jusqu'au bout, sans l'intervention de Monseigneur l'Évêque et de M. le préfet, qui se prononcèrent en faveur de la paroisse.

Inutile de dire que tous les paroissiens, ainsi que les populations voisines en grand nombre, assistèrent à ses funérailles. Tous les yeux étaient remplis de larmes ; et l'émotion fut à son comble lorsqu'on vit la noble dame d'un château voisin fendre la foule et venir déposer sur le catafalque une grande couronne de fleurs. Depuis elle n'a cessé d'apporter chaque dimanche, durant la belle saison, son bouquet sur la tombe du saint prêtre, journellement arrosée des larmes des riches et des pauvres, des grands et des petits. Ce tombeau est même devenu comme un lieu de pélérinage très-fréquenté, et où la prière pour les morts s'est transformée, dès la première heure, en humbles supplications. « Nous ne prions point pour lui, nous disait la pieuse dame dont je viens de parler ; il n'en a nul besoin ; mais nous nous sentons bien soulagés de pouvoir nous recommander à ses prières. »

En parlant ainsi, elle exprimait le sentiment général.

Un auteur a dit que les tombes sont la cime des montagnes d'un autre monde. Qui ne reconnaîtra dans celle de l'abbé Favier, environnée de respect et de tant de pieux hommages, comme la cime ou du moins l'indice de ce monde meilleur que ses œuvres et ses vertus lui ont ouvert ?

On sait que les braves mobiles se sont cotisés pour élever, sur cette tombe bénie de leur aumônier, un mausolée, gage de leur piété filiale et de leur reconnaissance.

D'un autre côté, l'idée a été exprimée dans sa chère paroisse de préparer, pour recevoir ses restes, une crypte dans l'enceinte de la belle église qui a été sa dernière œuvre, et comme le couronnement d'une vie si bien remplie. Qui sait si ces pieux hommages ne seront pas un jour transformés en un culte plus solennel? Ils prouvent du moins la grande vénération inspirée par cet homme de bien aux populations qui l'ont vu à l'œuvre durant sa trop courte carrière, ainsi qu'aux paroissiens qui ont reçu ses derniers adieux et qui ont assisté, l'âme émue, à son départ pour le ciel.

CHAPITRE XIV

Des principales vertus de l'abbé Favier.

Si incomplet que soit notre récit des œuvres et de
la sainte vie du vénérable abbé Favier, on a pu
néanmoins y démêler les principales vertus qui ca-
ractérisèrent cet homme de Dieu : son zèle ardent,
sa complète abnégation, son désintéressement, sa
douceur, sa simplicité et ce grand esprit de foi qui
était comme l'âme et le principal aliment de toutes
ses précieuses qualités.

Nous éprouvons le besoin de revenir sur ces diverses vertus pour faire mieux apprécier les mérites de-
notre saint ami ; car les œuvres les plus éclatantes et
les plus belles actions ne sont rien par elles-mêmes
devant Dieu ; il n'y a que l'esprit qui les anime qui
puisse leur donner quelque mérite.

Parlons d'abord de son zèle : nous pouvons affirmer qu'il ne connut jamais de bornes et ne recula de
vant aucune entreprise. Insatiable comme celui de
saint François-Xavier, il aurait voulu embrasser l'uni-
vers ; et nous pouvons affirmer que le sacrifice qui lui
a le plus coûté, quand il accepta l'œuvre des Choisinets, a été de renoncer aux Missions étrangères
pour lesquelles il se sentait une vocation pronon-
cée.

Obligé de restreindre son zèle aux limites du diocèse, il en fouilla, durant dix ans, tous les recoins ; et il n'eût pas été satisfait dans ses missions, si une seule âme avait échappé à sa tendre sollicitude.

Nous avons eu occasion de parler plusieurs fois de son ardent amour pour la jeunesse chrétienne ; nous pouvons ajouter que ce sentiment si profondément gravé dans son cœur, avait pris un très-grand développement vers la fin de sa vie. Témoin les nombreuses fondations d'écoles chrétiennes auxquelles il s'employa avec un redoublement d'activité et d'énergie.

Investi de la confiance de l'Institut du vénérable de la Salle, lié d'ailleurs d'une étroite amitié avec le très-honoré frère Philippe, il ambitionna de doter les principales paroisses du diocèse, de ces bons religieux dont il avait pu apprécier le mérite, d'abord à Langogne durant le séjour qu'il y fit, comme vicaire, et plus tard, dans sa fondation des Choisinets.

Il provoquait, à cet effet, le zèle des curés, il stimulait la générosité des âmes charitables ; ne reculant jamais devant des courses multipliées et même de longs voyages, quand il s'agissait d'aplanir les difficultés.

Lorsque tout était arrangé pour recevoir les bons Frères, après avoir été à la peine, il tenait à se trouver à la joie, et oubliant toutes ses autres préoccupations, il se mettait à leur tête et trouvait son suprême bonheur à présider à leur installation.

C'est ce qu'il fit dans ces derniers temps, pour Luc, Sainte-Enimie et le Chambon ; c'est la même joie qu'il réservait aux enfants du Bleymard et de plusieurs autres paroisses importantes, qui ont pleuré sa mort avec la douce confiance que du haut du ciel il patronerait ses pieuses entreprises laissées inachevées.

Son rêve était de voir une de ces utiles maisons des Frères, dans tous nos principaux centres d'où le bien pourrait rayonner et se propager aux environs. Il était près de toucher à ce but de ses saints efforts, et il l'eut certainement atteint, grâce au crédit dont il jouissait dans l'Institut, si sa carrière si bien fournie, n'avait été trop tôt interrompue par la mort.

Toutefois, il ne se contentait pas de multiplier, au sein de nos paroisses, les précieux établissements de ces bons religieux, il tenait aussi à grossir leurs rangs et s'efforçait d'enrôler de nombreux ouvriers pour la maison du Père de famille. Difficilement on pourrait calculer le nombre de pieux jeunes gens qu'il dirigea vers les noviciats du Puy ou d'Avignon, et probablement il n'est pas de province qui ne compte parmi ses maîtres les plus dévoués et les plus fervents quelques-uns de ceux qu'il encouragea par ses sages conseils et soutint par les secours de ses saints sacrifices et de ses ardentes prières.

On se tromperait étrangement si on allait lui supposer des motifs de vaine gloire; jamais on ne vit homme moins soucieux de lui-même. Insensible à la louange comme au blâme, il n'eut jamais qu'une seule chose en vue : le salut des âmes. Nous avons d'ailleurs remarqué combien ses mœurs étaient simples et sa tenue modeste. Il nous a laissé le regret de ne pouvoir reproduire les traits de son visage, n'ayant jamais voulu permettre qu'on tirât sa photographie, malgré le désir que ses chers pupilles et ses amis auraient eu de la posséder.

A cette abnégation, il joignait un désintéressement des plus absolus. Une vertu austère comme la sienne avait peu de désirs et peu de besoins. Son âme aussi était trop noble et ses sentiments trop élevés pour souffrir les atteintes de la basse avarice ; ce vice était même celui de tous qui excitait le plus son indignation, et il sentait sa foi profondément attristée s'il avait le malheur d'en rencontrer quelque apparence chez un confrère.

Il a eu à sa disposition des sommes considérables pour ses entreprises personnelles, et pour les œuvres auxquelles il s'intéressait ; car il n'y en avait pas dans la contrée qui n'eussent ses sympathies. Souvent il vit s'ouvrir très-largement la bourse des âmes généreuses ; il a eu même à recueillir plusieurs héritages de ses confrères qui, le voyant de près, s'estimaient trop heureux de pouvoir laisser leurs petites économies entre de si bonnes mains. Et cependant il est mort pauvre, si pauvre que, si ce n'eussent été les arrangements nécessités par sa grande fondation des Choisinets, comme saint Augustin il aurait pu se dispenser de faire son testament. En effet, il n'avait rien à léguer, pas même les pauvres meubles qu'il devait à la générosité des âmes charitables, et qu'il a fallu vendre pour acquitter les honoraires de messe qu'il s'était réservés.

L'argent glissait dans ses mains, et ne faisait qu'y passer ; constamment elles se trouvèrent vides.

S'il éprouvait une vive gratitude pour ceux qui venaient à son aide, à cause du bien qui en revenait à ses pupilles, il se montrait très-résigné quand les ressources sur lesquelles il croyait pouvoir compter, venaient à lui faire défaut.

Nous l'avons vu un jour refuser de suspendre les exercices d'une retraite dans une très-petite paroisse, pour se rendre à l'appel d'une personne bien intentionnée à son égard, et très-dangereusement malade, qui réclamait sa présence pour régler des intérêts assez considérables. Quand il arriva après la clôture de cette retraite, la personne était morte ; les dispositions avaient été faites à son détriment, ce qui fit évanouir de grandes espérances, et rejeta sur ses pauvres épaules un lourd fardeau qu'il a porté jusqu'à la mort. Nous pouvons affirmer qu'il n'a jamais manifesté le moindre chagrin de ce contre-temps, qui eut été si douloureux pour une âme moins désintéressée.

Combien de fois s'est-il dépouillé du strict nécessaire pour soulager les malheureux ! Il le fit encore, peu de jours avant sa mort, dans son dernier voyage à Mende, en donnant à un pauvre militaire rencontré sur sa route, une piéce de deux francs, l'unique argent qui lui restât pour sa dépense et celle de son cheval. Ils en furent quittes l'un et l'autre pour supporter une de ces longues journées sans nourriture, auxquelles ils étaient d'ailleurs accoutumés.

Jamais nous n'avons connu personne qui eût moins souci de ses aises, et qui menât plus rudement son pauvre corps. Il le traita toujours en ennemi, et ne lui accorda jamais aucune de ces satisfactions ou de ces recherches assez compatibles avec les travaux et les préoccupations du sacerdoce. C'est surtout par la privation du sommeil qu'il s'est montré vraiment extraordinaire : rarement il a pris celui qui paraît indispensable pour réparer les forces humaines ; et difficilement on pourrait calculer le nombre des nuits où il s'en est privé entièrement. Quand on s'entretient, à son sujet, avec quelqu'un des nombreux confrères qui l'ont vu de près, il n'en est pas un seul qui n'ait à raconter à ce propos quelque anecdote plus ou moins extraordinaire.

On ne peut douter que ces privations, jointes à ces grandes fatigues, ne l'aient usé avant le temps, et hâté une mort que son énergie et sa constitution robuste ne laissaient pas supposer si prochaine.

Que pouvait l'aiguillon de la chair sur un corps si rudement châtié ? Je doute qu'il en ait jamais ressenti les atteintes. Le bon Dieu lui a épargné jusqu'à la critique qui s'attaque trop souvent aux vertus les plus solides ; les mauvaises langues ont toujours respecté sa réputation.

On a dit de saint François de Sales que son fiel s'était pétrifié par suite des violences qu'il s'était faites pour dompter la fougue de son tempérament, et que naturellement d'un caractère irascible, il avait fini par devenir le plus doux des hommes. L'abbé Favier avait, lui aussi, le tempérament très-ardent et très-enclin à la colère ; néanmoins il sut se rendre maître de lui-même et se montrer toujours plein de calme et de douceur. Si l'on peut citer une ou deux circonstances où il manqua de modération dans des discussions chères à sa foi, il faut ajouter que la douceur et l'humilité reprirent bien vite leur empire : on le vit tomber aux genoux des confrères qu'il croyait avoir scandalisés, faire l'aveu de sa faute, et en solliciter l'absolution avant d'aller prendre son repos.

Il détestait d'ailleurs ces sortes de discussions, où l'amour-propre a plus de part que le désir de s'instruire ; et d'ordinaire il renonçait facilement à son propre jugement pour se ranger aux sentiments des autres, toutes les fois que les principes n'avaient pas à souffrir de cette condescendance.

Il se défiait en outre beaucoup de ses propres lumières, et n'entreprenait rien de tant soit peu important sans prendre l'avis de ceux qui étaient en position de l'éclairer.

Qui pourra raconter l'ardeur de sa foi, son attitude recueillie, son expression d'anéantissement aux pieds des saints autels, et la douce piété que l'on voyait rayonner sur son visage véritablement angélique, durant la célébration des saints mystères ?

Sa dévotion envers la sainte Vierge était également sans bornes. C'est à elle qu'il s'adressait avec une entière confiance dans tous ses embarras, et il a maintes fois avoué être sorti de peine par une protection toute spéciale de cette bonne mère. Il s'appliquait d'ailleurs avec beaucoup de soin à propager son culte, soit dans les paroisses où il donna ses missions, soit parmi les âmes qui furent soumises à l'action de son zèle dans les diverses positions où il a pu l'exercer.

Toutes les vertus animèrent constamment sa sainte âme d'une égale ardeur ; et nous pouvons affirmer qu'à aucune époque de sa vie, et dans aucune des situations diverses où il s'est trouvé, elles n'ont éprouvé le moindre déchet.

La grande consolation de ceux qui le pleurent, comme leur principal soutien dans les voies difficiles de la vie, est la douce pensée que ces vertus, ainsi que les grandes œuvres qu'elles inspirèrent, lui ont assuré le bonheur dans l'éternité.

Avant de finir, pour nous conformer aux règles de

l'Eglise, nous déclarons que, s'il nous est échappé d'employer dans notre récit les termes de saint ou de vénérable, nous n'avons nullement prétendu par là anticiper sur son jugement, mais exprimer uniquèment les sentiments de vénération que nous inspire la vertueuse vie de notre excellent confrère.

FIN.

NOTES

HISTORIQUES ET GÉOGRAPHIQUES

SUR LE GÉVAUDAN

Comme nous avons la confiance que cette Notice biographique, si pleine d'intérêt et si édifiante, n'aura pas seulement un succès local, mais qu'elle sera lue avec empressement dans toute la France, nous croyons utile d'ajouter quelques notes historiques et géographiques, sur le Gévaudan. Ces notes ne sont guère que des extraits textuels du Grand dictionnaire de Moréri ; de l'Histoire du Languedoc par deux Bénédictins (Dom Devic et Dom J. Vaissette) ; des Documents Historiques sur le Gévaudan, par M. Gustave de Burdin ; de la Géographie universelle de Malte-Brun, et de la France pittoresque.

Le respectable auteur de cette notice, écrivant surtout pour ses compatriotes, n'avait point pensé à donner aucune note de ce genre. Nous espérons qu'il ne trouvera pas mauvais que nous nous soyons permis d'ajouter à son travail ce petit complément.

**

Le Gévaudan (*Gabali, Gabales, Pagus Gabalicus*), fit partie de l'ancienne Celtique, et ensuite de l'Aquitaine première. César le soumit à la république romaine, la troisième année de son gouvernement dans les Gaules, l'an de Rome 698 ; mais quatre ans après le pays se révolta contre les Romains : César le soumit de nouveau.

Sous Auguste, l'an 727 de Rome, la Celtique prit le nom de *Lyonnaise* (de Lyon sa métropole), mais le Gévaudan en fut démembré pour être joint à l'Aquitaine.

Le Gévaudan, que les montagnes des Cevennes séparaient de la Narbonnaise, était, ainsi que le Rouergue, un pays qui abondait en mines d'argent du temps de Strabon. Pline vante beaucoup l'excellence des fromages de ce pays, et en particulier de ceux de la montagne de Lozère appelée *Mons Lezuræ*, qui fait partie des Cévennes.

La capitale du Gévaudan portait anciennement le nom d'*Anderidum* et prit ensuite celui de *Gabalum*.

Cette antique cité de *Gabalum* n'est plus qu'un village appelé *Javoulx*, situé à quatre lieues de Mende. Le siége épiscopal de Gabalum, qui subsistait encore au quatrième siècle, fut dans la suite transféré à Mende ; probablement après l'incursion des Hongrois, qui ruinèrent la ville de Gabalum au commencement du dixième siècle. Jusqu'à cette époque, les évêques prenaient le titre d'évêques de Javoulx ou de Gévaudan.

Ce pays fut soumis alternativement aux Visigoths et aux Francs. Sous Clotaire Ier, il fit partie du royaume d'Austrasie. Pépin le Bref s'en rendit maître en 766. Le Gévaudan a eu, pendant longtemps, ses vicomtes particuliers, qui gouvernèrent ce pays jus-

qu'au temps des croisades. Le dernier comte de Gévaudan est Raymond de Saint-Gilles ; on croit qu'il
aliéna ce comté, en faveur des évêques, pour subvenir
aux dépenses énormes qu'il fit pour la croisade. Il y
avait encore des vicomtes de Gévaudan lorsque le roi
Louis le Jeune donna, en 1161, la Bulle d'or : cette vicomté appartenait alors à Raymond Bérenger, comte
de Provence, qui la transmit à ses successeurs. Le
chef-lieu était, à cette époque, le château de Grèze,
et les villes les plus importantes étaient celles de
Marvéjouls, Chirac et la Canourgue. Saint Louis acquit
tous les droits du roi d'Aragon sur le Gévaudan, en
1258, et la vicomté fut définitivement réunie à la Couronne.

*
* *

En 1306, Philippe le Bel par un traité avec Guillaume, évêque de Mende, le reconnut, lui et ses successeurs, comme Comtes de Gévaudan.

M. Gustave de Burdin, qui a publié, en 1856, les
Documents historiques sur la province de Gévaudan
(2 vol. in-8°), après avoir transcrit la *Charte de paréage*
par laquelle Philippe le Bel partageait l'autorité tem-
porelle avec l'Evêque et ses successeurs, « sans apporter aucune restriction à l'étendue de la juridiction de
la cour spirituelle et déroger, ni préjudicier en rien
aux priviléges consacrés par la Bulle d'or de Louis VII,
reconnus par Louis IX, » ajoute :

« Des lettres patentes, délivrées sous chaque règne,
maintinrent cette charte en vigueur jusqu'en 1789.

Il n'entre point dans mon plan de m'appesantir sur l'esprit de cette constitution, qui assura au pays, sous le paternel gouvernement des Evêques, un avenir à l'abri des tempêtes politiques, suscitées sous divers règnes par l'ambition de quelques grands vassaux. Pairs du roi de France, identifiés aux idées monarchiques, les évêques de Mende ne rêvèrent jamais une chimérique indépendance, et le trône les compta toujours au nombre de ses plus fervens soutiens. »

* *

Les faits suivants, qui se rapportent au Xe et au XIIIe siècles, attestent que la piété et le patriotisme sont, dans le Gévaudan, d'anciennes traditions. Nous les avons choisis entre beaucoup d'autres, parce qu'ils se rattachent à cet ouvrage par les lieux qui en furent témoins.

« Etienne, vicomte de Gévaudan, et Angelmone ou Almodis, sa femme, persuadés que Dieu voulait qu'ils fissent bâtir une église en l'honneur des saints Gervais et Protais, partirent pour Rome le 6 septembre et y arrivèrent à la mi-octobre de l'an 998. Ils furent d'abord faire leur prière dans la basilique de Saint-Pierre, où ils se confirmèrent dans leur résolution, et s'adressèrent au pape Grégoire V, qui l'approuva beaucoup. A leur retour en France, ils fondèrent cette église dans le lieu de Langogne, situé sur les bords de l'Allier, qui sépare le Gévaudan du Velay, et y joignirent un monastère qu'ils mirent sous la dépendance de l'Abbaye de Saint-Chaffré. Ils la dotèrent de diverses terres situées dans les comtés de Gévaudan et de Vivarais. Le vicomte Etienne et sa femme firent un second voyage à Rome, sous le pontificat de Silvestre II, pour offrir sur le tombeau de saint Pierre la fondation qu'ils venaient de faire. Ce pontife leur fit présent de quelques reliques, et fit expédier une bulle par laquelle il mit le monastère de Langogne sous sa protection spéciale. Pierre, roi d'Aragon, successeur d'Etienne dans la vicomté du Gévaudan, confirma cette fondation en 1205.

« Dans les montagnes au nord-est de Mende, le bourg de *Châteauneuf-de-Randon*, qui renferme à peine 1,500 habitants, était autrefois un ville forte, devenue célèbre par le siége que les Anglais y soutinrent, en 1380, contre Bertrand Duguesclin. Le héros mourut sous ses murs, et le chef des assiégés, qui avait promis de se rendre s'il ne recevait point de secours, déposa sur son cercueil les clefs de la place et son épée. Un monument, en marbre bleu turquin, a été élevé, presque de nos jours, à la mémoire de l'illustre connétable.

« La même année où l'ombre de ce grand capitaine reçut les hommages de son ennemi, il se passa, à peu de distance du village de *Luc*, sur la frontière orientale du département, un trait de bravoure qui fait honneur aux ancêtres de quelques familles qui existent encore. Les Anglais parcouraient avec des forces considérables le Gévaudan et le Vivarais ; l'incendie, le meurtre et le pillage indiquaient la trace de leurs pas, lorsqu'ils se virent tout à coup arrêtés par le fort de *Luc*, qui leur fermait la route de la haute Auvergne. Au nombre de 2,000, ils entreprirent le siége; mais trois braves chevaliers (1) auxquels ce fief appartenait en commun, s'y défendirent si vaillamment, qu'ils parvinrent à repousser l'ennemi.

« Cependant les Anglais, honteux de leur déroute, font volte-face, et les trois chevaliers allaient succomber, lorsque, secourus tout à coup par dix des plus braves gentilshommes des environs, ils remportent une victoire complète. Le château de *Luc* est encore remarquable par son antiquité : les vieilles chroniques et les traditions du pays font remonter sa fondation bien avant la conquête des Romains. »

*
* *

Le Gévaudan n'est plus cité dans les géographies actuelles; il est devenu le *Département de la Lozère.*

Une chaîne de montagnes se dirige de l'est à l'ouest : la plus élevée, celle de la *Lozère*, a donné son nom à la circonscription moderne. Les montagnes de la *Margeride* traversent ce département du sud-est au nord-ouest, et les monts d'*Aubrac* s'y divisent en deux branches principales. Trois rivières, l'Allier,

---

(1) Un de ces trois héros, portait le titre de cette terre qui devait être le théâtre de la charité industrieuse et infatigable du bon abbé Favier : c'était *Bourbal de Choisinel;* les deux autres étaient les sires *de Polignac* et *d'Agrain des Ubas.*

le Lot et le Tarn, y prennent naissance et la Cèze y roule des paillettes d'or ; de nombreuses cascades les embellissent, et des sites sauvages attestent aussi les ravages des feux souterrains dans cette contrée.

Ici, sur le Tarn, le Pas-de-Souci est formé de deux montagnes, rapprochées à leurs sommets, qui semblent attendre que le génie de l'homme les réunisse pour en former un pont de 1,800 pieds de hauteur ; là, les eaux s'engouffrent entre deux énormes rochers, l'Aiguille et le Roc-Sourde, et, repoussées par ces digues, elles reprennent leur cours en faisant retentir les airs d'un long mugissement.

L'abondance des eaux rend ce département humide ; les montagnes y contribuent à la rigueur de l'hiver ; l'automne et le printemps sont pluvieux, les chaleurs de l'été y sont rarement fortes ; mais cette saison est souvent orageuse. Les forêts, bien qu'elles n'occupent pas une grande superficie, nourrissent beaucoup de loups. Le sol n'y produit pas assez de céréales et de vin pour la consommation des habitants. Sa richesse consiste en mines, d'où l'on tire principalement de l'argent, de l'antimoine et du plomb ; les bestiaux et les étoffes de laine forment les deux principales branches de son commerce.

Mende (5,963 habitants), placée au centre de ce département, en est le chef-lieu ; le vallon qu'elle occupe est rafraîchi par le Lot et par un grand nombre de ruisseaux dont les eaux, heureusement distribuées, arrosent les maisons de plaisance et les jardins d'alentour. La ville est entourée d'un petit boulevard ; ses rues sont mal percées, mais arrosées par plusieurs fontaines, parmi lesquelles on distingue celle du Griffon ; sa cathédrale est remarquable par la hardiesse et la légèreté de ses clochers. Les serges de Mende s'expédient en Espagne, en Italie, en Allemagne et dans l'intérieur de la France. Saint Grégoire de Tours lui donne le nom de *Mimatum*. Les environs ont vu naître le pape Urbain V. A peu de distance de ses murs, on voit, sur une montagne, l'ermitage taillé dans le roc, où saint Privat, évêque, fut arrêté par ordre de Crocus, chef des Barbares, qui le fit torturer cruellement. (En 262, d'après Baronius.)

Langogne, petite ville de 2,900 âmes, possède des manufactures de drap et des usines pour le cuivre. Le village de *Bagnols-les-Bains* a des eaux sulfureuses très-fréquentées.

Marvejols (4,818 habitants), détruite en 1586 par le duc de Joyeuse et rebâtie par Henri IV, est une jolie petite ville, aux rues larges et bien percées.

Florac, petite ville de 2,171 habitants, dans une vallée étroite, sur la gauche du Tarnon, fait peu de commerce, mais est entourée de prés et de champs fertiles.

Dans l'arrondissement de Marvejols, plusieurs objets attirent l'attention : d'abord, près du village de *La Baume*, la voie romaine de Lyon à Toulouse, ouverte par Agrippa, et dont un embranchement conduisait à *Gabalum*, l'ancienne capitale du pays des

Gabali (Gévaudan) : c'est aujourd'hui le petit village de *Javols* (ou *Javoulx*) ;— les monuments druidiques ou *dolmens* des environs de *Banassac* et de *Chanac* ; — le village de Grézès, dont le château, appelé par Grégoire de Tours, *Castellum Gredonense*, fut inutilement attaqué par les Vandales au commencent du ve siècle ; — le village de **Marchastel** où l'on voit les ruines d'un vieux château, la belle cascade formée par le ruisseau de la Garde, et des vestiges de la voie romaine ; — celui de **Monastier**, qui conserve encore quelques restes d'un ancien couvent de bénédictins, dans lequel Guillaume de Grimoard (1), qui devint pape sous le nom d'Urbain V, fit son noviciat, et dont on remarque les armes à la porte du chœur de l'église en ruines, — et celui de *Salmon* dont l'église a été bâtie par ce pontife.

C'est aussi dans cet arrondissement que se trouvent : *La Canourgue*, petite ville de 1,800 habitants ; — *Serverette*, chef-lieu de canton assez commerçant (854 habitants) ;— *Fontans*, commune importante de ce canton (900 habitants) ; — *Aumont*, chef-lieu de canton (1,000 habitants).

Dans l'arrondissement de **Mende**, auquel appartient la ville de Langogne, nous devons encore citer, *Bley-*

---

(1) Guillaume de Grimoard, d'une famille distinguée du Gévaudan, fut d'abord évêque de Mende : c'est un des plus saints prélats qui aient illustré ce diocèse, dont il se réserva pendant toute sa vie le gouvernement immédiat, d sorte qu'il était en même temps pape, et évêque de Mende. (On sait que les papes résidaient alors à Avignon.)

mard (ou *Blaymard*), chef-lieu de canton, qui compte 540 habitants ;— *Auroux*, commune du canton de Langogne, qui a le double d'habitants ; *Luc*, autre commune aussi considérable, du même canton; et *le Chambon*, commune du canton de Grandrieu.

Dans l'arrondissement de *Florac*, nous n'avons à mentionner que *Sainte-Enimie*, chef-lieu de canton, dont la population est d'environ onze cents habitants.

TABLE DES MATIÈRES

PARIS. — IMP. VICTOR COUPY, RUE CARANCIÈRE, 5.

www.ingramcontent.com/pod-product-compliance
Ingram Content Group UK Ltd.
Pitfield, Milton Keynes, MK11 3LW, UK
UKHW022241120726
13694UKWH00003B/928